JN011137

南北朝正閏問題

歴史をめぐる明治末の政争

筑摩選書

南北朝正閏問題　歴史をめぐる明治末の政争　目次

はじめに　009

第一章　南北朝正閏問題の背景　015

1　喜田貞吉と国定教科書　016

本書の「主人公」喜田貞吉／喜田の同調者三上参次／教科用図書調査委員会の設置／国定教科書における南北朝の取り扱い方／喜田の著作『国史之教育』の内容／宮内省による歴代表調査／国定教科書の第一期から第二期へ

2　問題が熾烈化した背景　029

社会主義の取り締まり／野党立憲国民党の閉塞感／貴族院における伯爵同志会の閉塞感

第二章　南北朝正閏問題の突発　041

1　問題のはじまり　042

事の発端としての文部省講習会／問題の火付け役峰間信吉／当時の読売新聞が置かれていた状況／南北朝正閏問題のはじまり／早稲田大学漢学者グループへの飛び火／漢学者内田周平の参加

2　藤沢元造をめぐる動き　058

代議士藤沢元造の登場／藤沢による質問書の提出／藤沢への説得工作の開始／立憲国民党と伯爵同志会

への働きかけ／文部省・宮内省の責任問題の高まり

第三章　藤沢元造の質問に向けて　075

1　質問演説まで　076

喜田貞吉・三上参次への人身攻撃キャンペーン／南北朝正閏問題と大逆事件の連動／国学者と聖断による決着という方法／藤沢・牧野・松平と喜田・三上の会見／帰省し帰京する藤沢／質問演説日当日

2　質問演説への反応　089

議員たちの反応／メディアの反応／石川啄木の反応／早稲田漢学者グループの反応／藤沢の弾劾質問失敗から政府の責任追及へ／加藤弘之の独自スタンス

第四章　大日本国体擁護団と政府弾劾決議案　107

1　大日本国体擁護団　108

いきり立つ水戸学関係者／大日本国体擁護団の結成／大日本国体擁護団の論理／大日本国体擁護団の檄と講演会／日本弘道会の例会講演

2　政府弾劾決議案へ　116

貴族院――伯爵同志会の動向／衆議院――政府問責決議案の提出へ／立憲政友会の立ち位置／政府弾劾決議案の採決当日／決議案否決後の国民党と政友会／決議案採決後の各種講演会

第五章　桂内閣による「第一の政治決着」　139

1　山県の危機感　140
井上通泰と森鷗外と常磐会／市村瓚次郎と賀古鶴所と森鷗外／鷗外の小説「かのやうに」／激昂する元老山県有朋／二グループの訪問者によると

2　「第一の政治決着」へ　148
山県有朋と寺内正毅の書簡の往復／山県有朋と桂太郎の書簡の往復／南朝正統にかんする桂内閣の措置／南朝正統にかんする文部省の措置／実際の「世論」と文学者たちの反応／「第一の政治決着」を受けて

第六章　南北朝正閏論争の構造　171

1　正統性をめぐって　172
「正統」とはなにか／「論争」の特徴とその「構造」

2　北朝正統論と南北朝対立論　176
北朝正統論／南北朝対立（並立）論

3　南朝正統論　180
事実上根拠を示さないもの／漢学者グループによる古典的論法／政治家の論法／教育関係者の攻防／菊池謙二郎と笹川臨風／「国民道徳」の強調／**de jure/de facto** と「実力主義」への反発／国法（法理学）の観点／日蓮宗（日蓮主義）の影響／「官学アカデミズム」第二世代の論法／原理原則主義的な「北朝抹殺論」

第七章　桂内閣による「第二の政治決着」　205

1　部会での論争　206

補充された重田定一と三宅米吉／第二部会での激論／教科書調査委員会における議論配置

2　総会から「第二の政治決着」へ　215

総会でも激論は続く／閣議提出書類から復元してみると／そして、「第二の政治決着」／不都合な事実

おわりに　234

参考文献　239

言説分析原典一覧　244

あとがき　253

南北朝正閏問題

歴史をめぐる明治末の政争

凡例

一、文中の原史料から引用した部分には、現在の価値観では到底ゆるされないような、差別的な表現がある。ただし、歴史的なものとして、カッコをつけたうえで、そのまま引用した。著者がこのような差別意識を容認するものでは決してないことを、ご理解いただきたい。

一、史料には読みやすいように、著者の判断で適宜句読点を追加するなど、改めたところがある。また、読点（、）をもって句点（。）扱いしている場合も、理解しやすいように、句点に改めたところがある。

一、史料における省略部分は、……で表記した。

一、史料において割書になっているところは、字の大きさを通常行のものと同じにしたうえで、丸カッコに入れて表記することにした。

一、文中における著者自身の註として、亀甲カッコを用いた。

一、文中における年齢表記は、満年齢ではなく、数え年によるものである。

一、新聞記事などで特にことわりのないものは、すべて一九一一（明治四四）年のものである。

はじめに

かつて、過去の皇統における「正統」をめぐって大きな政治・社会問題と化し、論争がまきおこったことがあった。一九一一（明治四四）年の南北朝正閏問題（論争）である。

　南北朝正閏問題は、国定教科書における南北朝時代（一三三六〜九二年）の記述がそもそものきっかけであった。教育関係者や漢学者たちが問題視して、「解決」のため奔走する一方、当時の与党体制から疎外されていた政治勢力は問題の政争化にふみきる。世論は沸騰し、南北朝のどちらの皇統が「正統」であるかを、あれやこれやと議論する。元老は激怒し、首相は決断する。そして、最後には教育への政治介入というかたちで、二度にわたる政治決着がはかられる。

　この南北朝正閏問題にかんして、かつては久米事件や津田左右吉の筆禍とならぶ「学問弾圧」として位置づけられてきた。[1] このような見方は、近年まで続いている。[2] それが一九九〇年代以降になると、歴史認識への興味関心の増大を背景として史学史の研究が増え、その一環として、南北朝正閏問題にかんしても新たな視点にもとづく研究がぞくぞくと発表されている（ここでは、紙幅の関係上、代表的な研究にのみ言及する。それ以外の研究については、巻末の参考文献一覧をご覧いただきたい）。

特に、マーガレット・メールは著書の題名どおり、明治期における「国家と歴史学」の関係性を包括的に論じた。そしてメールは、国民国家形成のために奉仕したドイツの歴史家たちとは違って、日本では歴史家たちが原史料の収集や史料批判という「客観性」へ「逃避」することに「官学アカデミズム」の特質を見たうえで、その「逃避」を決定づけたものとして南北朝正閏論争を位置づけた。[3]

また、廣木尚は、史学史を思想史のなかに位置づける手法で、興味深い諸研究を発表している。南北朝正閏問題にかんしては、同時代の道徳論と相互規定的なものとしてとらえ、かつ同問題で危機に陥った歴史学がどのような打開策を展開したのかという観点から分析した点が興味深く、南北朝正閏問題研究の一つの到達点を示している。[4]

かたや池田智文は、南北朝正閏論争の一連の過程が、近代「国史学」の学問方法論である考証史学の発展過程で形成された思想的問題――「皇国史観」に貫かれた実証主義――を研究主体において確立させる契機になったとみる。[5]

近年では山口道弘が精力的に論文を発表している。山口は、重野安繹・久米邦武・星野恒――三上参次・喜田貞吉――黒板勝美という流れを一緒くたにして「官学アカデミズム」とくくってすませたり、南北朝正閏論争をもって研究（純粋史学）と教育（応用史学）との分離の画期としてきたりした先行研究にたいして、重大な見直しを迫っている。[6]

ちなみに、南北朝正閏問題では、学術研究以外の良質な成果として、松本清張の『小説東京帝国大学』[7]や長山靖生の著作[8]がある。特に前者は、清張独特の反権力・反権威の立場から「権力層」の本質を鋭くえぐり出す手法に感嘆させられる一方で、その陰謀論ないし謀略史観的な「作為」が気にかかる。たとえば、南北朝正閏問題のきっかけを作った峰間信吉を、五〇歳近くの髪の白い初老の人物として描いたりする（実際は、当時三九歳という壮年であった）。これは、古い教育を受けた頑迷な人物であるかのような印象を与える操作となっている。そのうえで峰間は、穏田の行者飯野吉三郎を介して元老の山県有朋につながっていると描かれる。つまり、すべての黒幕は山県という作りになっているのであるが、実態がそうでなかったことは、本文で示すとおりである。

また南北朝正閏問題にかんしては、これら史学史の研究のみならず、ほかにも教育史の分野で研究が進められてきた。特に、小山常実は一連の研究[9]により、主に『万朝報』などの新聞史料を用いて、はじめて教科用図書調査委員会の分析を行った。その結果、一九一一年三月時点における桂内閣の行政処分では事態はいまだ終わっていなかったこと、ならびに教科用図書調査委員会における論議にみられるように、南朝正統論といっても幅の広いものであることが明らかになった。

このように、南北朝正閏問題（論争）は、史学史・史学思想史や教育史、さらには政治史・政治思想史など、さまざまな分野で研究が行われてきた。なぜなら、同問題はさまざまな要因が複雑にからみあって形成されてきた以上、それぞれの側面に焦点をあてて分析する必要があったからである。

本書は、史学史・史学思想史、教育史、政治史・政治思想史などにまたがる研究成果に学びつつ、南北朝正閏問題という一事件に徹底的にこだわることによって、そこから浮かびあがってくる近代日本の特質に迫ることを目的としている。

以下、本文に入る前に、本書の構成を簡単に説明しておきたい。

第一章では、南北朝正閏問題がなぜ一九一一年というタイミングで、それも国定教科書の記述をめぐって起こり、さらにそれが重大な政治・社会問題化したのか、その理由を理解するために、同問題が突発する背景をみていきたい。

続く第二章では、いよいよ南北朝正閏問題が突発する。そもそも同問題のきっかけを作った峰間信吉が奔走して、『読売新聞』に論説が掲載された経緯と、早稲田大学漢学者グループが藤沢元造(もとぞう)の質問をお膳立てする過程をみていく。

藤沢の衆議院における質問の顚末を分析したのが、第三章である。予定されていた藤沢の演説日が近づくにつれ、桂太郎内閣をはじめとする政治主体は、それぞれさまざまな思惑をもって行動していくことになる。

続く第四章では、藤沢の質問演説が不発に終わり、あきらめきれない運動家たちが「大日本国体擁護団」を結成して運動を継続するとともに、与党体制から疎外されていた立憲国民党が南北朝正閏問題をめぐって政府弾劾決議案を提出していく過程を追う。

国民党提出の政府弾劾決議案は否決されるが、実は単にそれだけにとどまっていた。第五章では、政府の対策が後手にまわっていることに激怒する元老山県有朋と、それに叱咤されつつ「第一の政治決着」断行にふみきる桂内閣の動きをみていく。

第六章では、南北朝正閏問題の経過をいったん離れて、同時期にみられた南北朝正閏「論争」の「構造」を扱う。南北朝正閏問題が政争化して世間の耳目を集めると、南北朝の正閏をめぐる論争がメディアにおいて活発に展開されるのである。

さて、「第一の政治決着」が行われても、実際の教科書記述の修正には教科用図書調査委員会の審議が必要であった。第七章では、同委員会の審議過程を扱うとともに、委員会総会議決を超えて、桂内閣によって「第二の政治決着」が行われてしまう事態を分析する。

それでは、さっそく本文に入っていこう。

註

(1) 代表的な研究として、大久保利謙「ゆがめられた歴史」向坂逸郎編著『嵐のなかの百年――学問弾圧小史』(勁草書房、一九五二年)。

(2) 永原慶二『二〇世紀日本の歴史学』(吉川弘文館、二〇〇三年)五七頁。

(3) Margaret Mehl, *History and the State in Nineteenth-Century Japan: The World, the Nation and the Search for a Modern Past*, Copenhagen: Sound Book Press, 2017. 翻訳として、マーガレット・メール著/千葉功・松沢裕作訳者代表『歴史と国家――一九世紀日本のナショナル・アイデンティティと学問』(東京大学出版会、二〇一七年)。なお、翻訳は英語版の初版(Margaret Mehl, *History and the State in Nineteenth-Century Japan*, London: MacMillan Press Ltd, NewYork: st Martin's Press Inc., 1998)にもとづいて行われたが、翻訳の際にみつかった事実誤認や誤植は再版の際に訂正されたので、再版のほうを参照されたい。

(4) 廣木尚「南北朝正閏問題における歴史観と道徳論」『民衆史研究』七八号(二〇〇九年)。同「南北朝正閏問題と歴史学の展開」『歴史評論』七四〇号(二〇一一年)。両論文とも、同『アカデミズム史学の危機と復権』(思文閣出版、二〇二二年)に収録された。

(5) 池田智文「『南北朝正閏問題』再考――近代「国史学」の思想的問題として」『日本史研究』五二八号(二〇〇

〇六年)。

(6) 山口道弘「正閏——南北朝正閏論争」河野有理編『近代日本政治思想史——荻生徂徠から網野善彦まで』(ナカニシヤ出版、二〇一四年)。同「正閏續論」『千葉大学法学論集』二八巻三号(二〇一四年)。同「正閏再續論」『千葉大学法学論集』二八巻四号(二〇一四年)。同「三上参次と官学アカデミズム史学の成立」『法政研究』〈九州大学法政学会〉八六巻四号(二〇二〇年)。同「南北朝正閏論争と官学アカデミズム史学の文化史的展開」一・二『法政研究』〈九州大学法政学会〉八七巻四号・八八巻一号(二〇二一年)。

(7) 松本清張『小説東京帝国大学』上・下(筑摩書房、二〇〇八年)。

(8) 長山靖生『人はなぜ歴史を偽造するのか』(新潮社、一九九八年)。

(9) 小山常実「南北朝正閏問題——明治末年の総合的把握のために、その一」『大月短大論集』一八号(一九八七年)。同「南北朝正閏問題の教育史的意義」『日本の教育史学』三〇号(一九八七年)。両論文とも圧縮のうえ、同『天皇機関説と国民教育』(アカデミア出版会、一九八九年)に収録された。

第一章

南北朝正閏問題の背景

1　喜田貞吉と国定教科書

本書の「主人公」喜田貞吉

喜田貞吉[1]は、一八七一（明治四）年、阿波国那賀郡櫛淵村に、小農の三男として生まれた。小学校時代、漢文では岩垣松苗『国史略』を読まされた。また、徳島中学校時代には手あたり次第乱読したなかに、『通俗三国志』『通俗漢楚軍談』などの比較的硬いものから、『偽紫田舎源氏』『春色梅暦』などの軟らかいもの、『東海道中膝栗毛』『浮世風呂』などの滑稽もの、さらには『仮名手本忠臣蔵』といった浄瑠璃本まで入っており、「俗歴史の知識」が潜在的に蓄えられたという。パーレーの『万国史』を読んだのも、小中学校時代であった。

第三高等中学校（三高）を経て、一八九三年、帝国大学文科大学国史科に入学した。「国史」・「国学」の授業では、黒川真頼・栗田寛・小中村清矩・星野恒などの「老大家」と、三上参次・田中義成などの「新進」から、授業を受けている。「漢学」・「シナ史」は島田重礼・田中義成・根本通明・竹添進一郎から、西洋史はリース・坪井九馬三・箕作元八から、それぞれ教わった。

喜田が学生のときの国史科は国文学科と共通講座であり、「国語学国文学と国史学等とが領域的に区別せられず、近世以来の国学の学風をそのまま継承した時期」であった。すなわち喜田は、明治以前に学問形成を果たした国学者・漢学者の双方から教育を受けたのである。[2]

一方、リース・坪井・箕作の授業を受けたことからもわかるとおり、当時の国史科は、ヨーロッパ歴史学の方法を継受した史学科とも授業が重なっていた。実際、喜田が坪井の「純正史学」「応用史学」論の影響を強く受けたことは、後述する。

すなわち、当初、国文学科との共通性を強く持っていた国史科のカリキュラムが、次第に史学科との共通性を増していくその過渡期に、喜田は在学していたことになる。[3]

さて、喜田が南北朝時代の授業を受けたのは、星野からであった。喜田は、星野が修史館編修官以来の勤務で、豊富な史料をもって授業をしたことの驚きを、「古文書・古記録を自由に使いこなされたのには、そんなことを始めての自分らをして、はなはだしく驚異の目を見張らしめたものだった」[4]と述べている。のち南北朝時代の研究で業績をあげる田中は、もと修史館の写字生からの成りあがりだとして学生のストライキにあったが、喜田は星野の講義は実に立派なものだったと回想している。

喜田は一八九六年に帝国大学文科大学を卒業したが、就職口がないので大学院へ入って学士の肩書を切り売りする生活を続けた。

このような生活を送るなか、一九〇一年に突然、文部省図書課への就職話が持ちこまれた。図書審査官としての喜田の職務は中等学校と小学校用の民間教科書の検定であったが、すぐに職務は追加される。すなわち、喜田入省の翌一九〇二年に教科書疑獄事件が起きると、一九〇三年四月に小学校令が改正され、小学校の歴史教科書は修身・地理・国語読本とともに国定に改められ

喜田貞吉（『読売』2月28日）

喜田貞吉（『万朝報』2月28日）

たのである。教科書は文部省で著作して見本を作ることになり、印刷・発行は民間の会社にまかせ、販売機関は「株式会社国定教科書共同販売所」に一本化された。(5)

一九〇三年七月に喜田は文部編修に任命され、国定教科書の編纂(へんさん)に正式に従事することとなったが、中等学校用教科書の検定業務も依然としてあったため、「目の廻るような忙しさ」だった。国定教科書『小学日本歴史』は、喜田が作成のうえ、三上参次（東京帝国大学文科大学教授）や佐藤誠実(じょうじつ)の修正を経て完成した。(6)

喜田の同調者三上参次

三上参次(7)は、一八六五（慶応元）年、漢方医の三男として、播磨国神東(じんとう)郡御立(みたち)村に生まれた。小学校時代、学校帰りに旧姫路藩士で漢学のできる先生のところで、青山延于(のぶゆき)『皇朝史略』や頼(らい)山陽(さんよう)『日本外史』を学んだ。姫路中学校時代、歴史ではパーレーの万国史の原書が教科書であった。一八八一年に入学した東京大学予備門では、スウィントンの万国史の原書や新井白石『読史余論』を教わったという。(8)

当時、東京大学文学部には和文学科・漢文学科・哲学科の三科しかなかった時代に、三上は「日本歴史をやろう」と、和文学科へ一八八五年に入学した。島田篁村(こうそん)（重礼(ちょうれい)）・内藤耻叟(ちそう)・栗田寛といった漢学者や、小中村清矩・久米幹文・木村正辞・物集高見といった国学者から和漢の古典を、坪井九馬三から西洋史を、それぞれ教わった。ただし、内藤から「我が国歴史上の大きな事件を大摑みに講義」されたぐらいで、また三上の大学院進学後の専攻も江戸時代史であったことから、南北朝時代にかんしては独学であったと推測される。[9]

三上が帝国大学文科大学助教授となった一八九三年は、前年の久米事件を受けて、井上毅文相によって帝国大学文科大学史誌編纂掛が閉鎖された年でもあった。いままで編纂業務を担当してきた太政官修史館系の編纂官のうち、久米邦武が久米事件により非職となり、重野安繹が定年となるなか、翌一八九四年に再開された「史料編纂掛」では、和文学科出身の三上がその中心となった。[10]つまり、三上は国史学の講座も担当したが、主業務はあくまで史料編纂のほうであった。

三上参次

その史料編纂掛が編纂した『大日本史料』における南北朝時代の扱い方が、一九〇〇年に問題となった。史料集であるから事実を尊重して南北朝並立としなくてはならないと考えた三上たちは、南朝の後醍醐天皇と北朝の光明天皇とを、また年号も南朝の延元と北朝の建武とを、並べ書きすることに決定した。三上からすると、「御歴代の天皇が〔北朝の天皇をも〕天皇と崇められておられたのを、文部省で天皇でないとしてしまうことは不敬な話」なのである。[11]

史料編纂掛で執務中の三上参次（窓際に立った人物）

もちろん三上も、国民に尊皇愛国の観念を教えこむものとして、歴史教育を歴史学とは別に重視していた。ただし、三上からすると、日清・日露戦争における忠勇なる兵士たちも、楠木正成・足利尊氏の区別は十分に教えられても、両皇統の正閏などはそれほど教えられなかったのであって、「今後は正閏などは知らずとも、尊皇愛国の実は挙げら」れると三上は考えていた。[12]

教科用図書調査委員会の設置

一九〇八年九月、勅令をもって教科用図書調査委員会が設置され、修身・歴史・国語の国定教科書は調査委員会の審議を経る必要が生じた。すなわち、委員会は三部（第一部が修身、第二部が歴史、第三部が国語を担当）に分かれ、起草委員の編纂起草した原案を主査委員が討議したうえ、部会ならびに総会に付議して決定する。さらに、総会決定案は文部大臣の裁定を経て印刷にふすという手続きがとられるようになった。[13]

教科用図書調査委員会の委員長には加藤弘之が、副委員長には菊池大麓が、それぞれ任命された。また、第二部の委員には、辻新次部長のもと、三上参次・萩野由之・田中義成・喜田貞吉の四文学博士と、牧瀬五一郎（文部省参事官）、槇山栄次（文部省視学官）の計七名が任命された。(14)すなわち第二部では、文部編修である喜田が原案を起草し、三上・田中・萩野の三人の主査委員が審査したうえで、部会に提案することとなっていた。(15)さらに部会の議決を経て、総会で決定される。

　さて、委員会審議で猛烈な議論となったのは、実は南北朝時代ではなく、直近の幕末史のほうであった。特に、井伊直弼の「違勅」問題につき、井伊大老は事情やみがたいのを察して、勅許を待たずに開港条約を締結したという原案にたいして、原案を擁護する三上と、はたして事情やみがたいものであったかを疑う土佐出身の古沢滋とのあいだで、猛烈な議論が交わされた。さらに、会津出身の山川健次郎が、いわゆる佐幕党といえども勤王である点で勤王党に譲るところはない、「勤王」「佐幕」の語を用いるならば「排幕勤王」「佐幕勤王」とすべきだとの意見を出したところ、これにも古沢が「主上を脅迫して得た綸旨は無効」などと述べて猛烈に反対したため、最終的には「勤王」「佐幕」という文字自体を削ることで決着したという。(16)

　かたや南北朝時代にかんしては、委員会では格別の問題ともならずにスラスラと通過してしまったという。のち南北朝正閏問題が起きたあとの報道によれば、委員中、喜田・三上の主張する南北両朝対立説に反対したのは、大島健一・船越衛・穂積八束・古沢の四人のみであった。(17)また、別の記事によると、総会段階で唯一反対したのは、芳賀矢一だったとされる。(18)

国定教科書における南北朝の取り扱い方

国定教科書を編修することになった喜田の頭を当初から悩ましたのが、南北朝の取り扱い方であった。

喜田の考え出した方策をみる前にまず我々が気をつけなければならないのは、国定制以前の検定制期の教科書は、南朝正統論が大多数であったという事実である。歴代数・年号は南朝のほうを採用していることが多く、両朝の天皇についても扱いが対等とはいえない。北朝の天皇を「院」と記したり、諡号（しごう）が示されなかったりする場合もあった。

すなわち、足利尊氏の率いる足利軍は天皇にたいする謀反を起こしたとして「賊」「賊軍」と直書（じきしょ）するか、あるいは後醍醐天皇軍を「官軍」とすることによって、敵対する足利軍が「賊軍」であることを間接的に示唆するかのいずれかであった。そして、尊氏と対照的に終始「忠臣」として称揚されたのが楠木正成であり、特に正成・正行（まさつら）父子の「桜井の別れ」が重要なエピソードとして使われていた(19)。

喜田は、教科書には尊氏以下武家方の将士を露骨に「賊」と書いたものが多く、そうなると北朝の諸天皇も「賊の天皇」として児童の頭に映ることを危惧した。それでも検定制のときは前任者の方針に従ったが、国定として文部省自身が教科書を編纂し、官権をもって使用を全国に強制する場合、はたしてこのままでよいのだろうかと、喜田は悩んだのである(20)。

また、たとえ水戸藩の『大日本史』にならって、単に両朝間の正閏を明らかにするにとどめて、武家方を「賊」とは直書しない方法をとるにしても、「未熟」な教師をして、閏位たる北朝の皇胤が永く天位を継承し、正位たる南朝の皇胤がまったくその跡を絶つにいたった史実を説かせたとしたら、児童の頭にどう映るか。南北朝合一後に北朝の後小松天皇は南朝の後亀山天皇の養子となったといっても、児童が成長したあとくわしい史実を知ったとしたら、どのように感じるか。これらは、喜田自身が青少年時代に抱いた疑問でもあった。(21)

そこで喜田は、形式上南北朝の対立と同一状態にある、安徳・後鳥羽両天皇の対立を先に決定する。すなわち、南北朝正閏の筆法をもって記述すると、安徳天皇が「正位の君」、安徳天皇存命中の後鳥羽天皇が「閏位の君」となる。しかし、これでは、「閏位の君の軍」＝源氏の軍が、「正位の君の軍」＝平氏の軍に圧迫を加え、ついに「正位の君」である安徳天皇が海に沈み、その結果として神器が「閏位の君」の手に帰しさえすれば、たちまち「正位の君」になるという「露骨な暴力の勝利」を、初等教育で教えることになる。この難問から得た喜田の結論は、安徳・後鳥羽の天皇間の争いではなく、単なる源平間の争いだとする。そして、これと同一の筆法をもって、南北朝問題を扱うというものであった。(22)

こうして、南北朝時代の戦乱を、皇位をめぐる天皇間の「官賊の争い」ではなく、宮方と武家方といった臣僚間の主義上の争いとみなす方針に定めた。言いかえると、「是非善悪」を論じる対象を臣僚のみに局限して、皇室を批判の圏外に置く論法を採用した。これも、歴史家と教育家の「二足の草鞋」を履いた喜田が、「学究的良心と、教育家としての立場との間に調和を求めた」結果であった。(23)

喜田の置かれた立場を思いやれば、十分同情に値する。しかし、客観的にみれば、歴史学の見地から歴史教育の内容を改変し、かつ、その歴史観を国定教科書によって強制することを意味したといったら、酷であろうか。

喜田の著作『国史之教育』の内容

さて、喜田が自己の見解を教科書以外で同時代的に表明したのが、彼の著作『国史之教育』である。同書のなかで喜田は歴史を、①「学問として研究する歴史」＝「純正史学」、②「一般に世人の目に映ずる歴史」、③「普通教育に応用する場合の歴史」＝「応用史学」に三分する。[24]

喜田いわく、①の任務は過去の事実をありのまま明らかにすることに尽きる。また、②では、善人が完全な善人として、悪人が完全な悪人として極端化されることを指摘しつつ、歴史を教育上に応用する場合には、かえって「妙味」がある。そして、③は「善良なる日本国民を養成する」のが目的であるから、歴史上の精密な知識や重箱の隅をほじくるようなことは必要ない。日本の歴史は他国の歴史にくらべて善美であり、歴代の天皇は聖徳の君である。たとえときにはいかがわしいことがあっても、それは「細かい事」であり、普通教育家はこの「大体」をはずしてはならないと喜田はいう。[25]

このように、あくまでも喜田は、小学校における歴史科の目的は「善良なる日本国民を作る」ことにあるという姿勢をくずしていない。普通教育においては、児童に日本の善美なるところを十分にのみこませ、子供のうちからそれで頭を固めてしまって、諸外国のような革命の国に生まれなかったのは幸せである、外国に生まれた者は気の毒であるということを納得させるような教育をしなければならないという(26)。

ただし、天皇の歴代表にかんしては、宮内省で正式な発表があるまで南北両朝に軽重をつけない「五分五分の筆法」を用いる(27)。具体的には、光厳天皇の位と後醍醐天皇の位はともに認めるのを穏当とした。一方で、将士レベルでは、南朝方は「忠臣」、北朝方は不義であることを認める。すなわち、「北朝の尊氏は憎むべき者、之を輔けた将士亦同じく筆誅すべき者である。が、憎むべきは足利将軍までで、其の上に及んではならぬ」のである(28)。

以上みてきたように、喜田の「歴史教育＝応用史学」は、日本は万世一系の天皇の統治する国で、君臣の分が定まり、忠孝両全の善美なる国体であるといった「国体史観」にもとづくものであった。そのうえで、国体史観と矛盾する史実は「例外」「変態」「新説」として教育内容から切り捨てるか、教育的叙述によって「純正史学」との矛盾の調和をはかるかのいずれかをとろうとした(29)。

ただし、国民としての志操を養うのに不都合な史実はすべて教えるべきではないということではない。喜田が南北朝正閏問題の際に弁明のため公表しようとした「南北朝論」では、俗に「臭いものに蓋を為す」場合、厳封して臭気が外に漏れないようにしなければならないが、それは民を愚にして歴史上のいっさいの知識を得る道を奪わないかぎり不可能だといっている(30)。

このように喜田は、「純正史学」と「応用史学」とを使いわけたうえで、後者によって「善良なる日本国民」を作ろうとする。ただし喜田は、「純正史学」における研究潮流をふまえて「応用史学」においても南北朝並立としたうえで、天皇レベルではなく、その下の臣下レベルで善悪を書きこめば大丈夫であると判断した。この判断が、結果として南北朝正閏問題を引き起こすことになる。

宮内省による歴代表調査

喜田が天皇の歴代表にかんして態度を保留したように、実は宮内省においても方針は定まっていなかった。

日露戦争中の一九〇四年五月、「年表草案調査委員会」が設置され、六名の委員（星野恒・井上哲次郎・坪井九馬三・重野安繹・三上参次・谷森善臣）が任命された(31)。

三上の回想によると、委員会では古いところから順に調査して、神功皇后は天皇ではなく皇后とする、大友皇子は一代に立てて弘文天皇とすることが決定された。そのあと、前述の安徳天皇と後鳥羽天皇の両立という難問に逢着した。これはちょうど南北朝と同じ事態であるため、まず南北朝という大問題を研究・決定してから、安徳・後鳥羽の問題に立ち帰ることにした(32)。

しかし、南北両朝のどちらを正統と考えるかという問題は、安徳・後鳥羽天皇の問題と同じく難問題であった。会議では、南朝正統説が二名（井上・谷森）、南北両統説が三名（坪井・星野・三上）、意見を表明しなかった者一名（重野）と意見が割れ、結局、会議は中絶するにいたった(33)。南北両統説のほうが南朝正統説よりも数的には多かったことや、かつて国家による正史編纂の中心にいた重野が意見を表明しなかったことなど、興味深い。

このように、宮内省（宮中）自体が南北朝の正閏を決定できないでいた。

国定教科書の第一期から第二期へ

喜田が中心となって編纂された第一期国定教科書（『小学日本歴史　二』、一九〇三年一〇月一六日発行、一九〇四年四月使用開始）では、歴代数がふされないまま南北両朝並記とし、北朝の光厳・光明天皇にも「天皇」の尊称を用いていた。たとえば、「第二　南北朝」の項目では、「これより、同時に二天皇あり。吉野の朝廷を南朝といひ、京都の朝廷を北朝といふ。かくて、宮方、武家方の争は、つひに、両皇統の御争の如くなれり」という記述になった。(34)

また、一九〇七年三月の小学校令改正により、義務教育年限が四年から六年に延長されると、今まで高等小学校一・二年に配当されていた国史が尋常小学校五・六年配当となった。(35)すなわち、第二期では歴史が義務教育の教育課程に入ることによって、国定教科書をもって授業を受ける児童数が一挙に増えることになったのである。

さらに、第一期では教科書は児童用のみであったが、第二期では新たに教師用も作成されるようになった。なぜなら、今まで高等小学校のみにあった教科を尋常小学校で受け持つようになったため、これまであまり歴史教育に経験のなかった教員のために教科書を供給する必要が生じたからである。(36)しかし皮肉なことに、教師用として詳細な記述を盛りこんだ教科書を作成したことが、南北朝正閏問題を引き起こすことになる。

第二期国定教科書児童用（『尋常小学日本歴史　巻一　児童用』、一九〇九年九月一三日発行、一九

一〇年四月使用開始）の記述は、具体的には次のようになった。

第二十一　北条氏の滅亡

北条高時　……ここに於て後醍醐天皇は遁れて笠置山にこもり給ひ、高時は花園上皇の院宣を奉じて皇太子を立て奉れり。之を光厳天皇と申す。やがて幕軍攻めて笠置を陥るに及び高時、天皇を隠岐に遷し奉り、謀にあづかりし人人を或は斬り或は流したり。

政権朝廷に返る　後醍醐天皇は……船上山の行在を発し給ふ。すなはち先づ光厳天皇を廃し給ひ、京都に還幸し給ひし上、御身親ら政令を発し給ふ。……

第二十三　南北朝

南北両朝の対立　尊氏は更に光厳上皇の院宣を請ひて上皇の御弟を位に即け奉れり。之を光明天皇と申す。やがて後醍醐天皇は尊氏の奏請を納れて一旦京都に帰り給ひしが、間もなく忍びて吉野に遷り給ひき。これより吉野の朝廷を南朝と云ひ、京都の朝廷を北朝と云ふ。かくて天下の乱は遂に両皇統の御争の姿となり、戦乱五十七年の久しきに及べり。[37]

また、新たに作成された教師用（『尋常小学日本歴史　巻一　教師用下』、一九一〇年六月一日発行）では、「注意」欄が次のような記述になった。

南北両朝の正閏につきて　南北両朝の対立は、遠くは安徳・後鳥羽の両天皇、近くは後醍醐・光厳の両天皇の同時に皇位にましませしと同じく、我が歴史上の一時の変態にして固（もと）より常例を以て律すべきに非（あら）ず。旧説或は南朝の皇位を認めざるあり、或は之に反して北朝を以て閏位となすありと雖（いえど）も、要するに鎌倉時代に於て持明院（御深草天皇の御子孫）大覚寺（亀山天皇の御子孫）の両皇統の交互に皇位を継承し給ひしもの偶々（たまたま）時を同じくして南北に対立し給ひし一時の現象にして、容易に其の間（かん）に正閏軽重を論ずべきに非ざるなり。(38)

特に、傍線部の個所が問題になったのである。

2　問題が熾烈化した背景

社会主義の取り締まり

第二期国定教科書の記述をめぐって南北朝正閏問題が起きるのであるが、問題が熾烈（しれつ）化した背景には当時の政治状況が存在していた。以下、その背景を略述したい。一つ目は、社会主義の取り締まりである。

第二次桂太郎内閣（一九〇八〜一一年）は社会主義運動や思想の広がりに警戒心を抱き、社会主義者への弾圧を強めていくが、その頂点が大逆事件であった。一九一〇年五月、明治天皇暗殺を計画して爆弾を製造していたとして、長野県明科の製材所職工宮下太吉が警察に逮捕され、これを契機として一斉検挙が進められた。六月には幸徳秋水も逮捕され、逮捕者は数百名にのぼった。宮下や秋水ら五人が天皇暗殺計画に関与していたのは確かであるが、それ以外は明らかなフレームアップである。

桂首相は、大逆事件を起こした秋水らを「社会党」と呼称するのは良くいいすぎで、「無政府主義者」や「破壊主義者」と呼ぶべきだとの考えであった。ただし、世界交通の結果、コレラやペストと同じく、社会主義思想が外国から日本へ流入すること自体はやむをえないと、天皇に釈明している[39]。

取り締まり責任者の平田東助内相は七月二七日、社会主義対策にかんする意見書を桂首相へ送付した。大逆事件を「大逆無道」「実に天地に容れざる大罪」としたうえで、社会主義という「魔想」に陥らないための予防策ないし事後策をあげている。平田は、予防策の一つとして教育（実業教育の普及、補習学校・夜学校の普及、校長・教員の人格・思想の養成、校長・教員の生徒にたいする監督・教授の「精神」化）を重視していた[40]。

かたや元老の山県有朋は九月八日、意見書「社会破壊主義論」を、渡辺千秋宮相を経由して明治天皇に提出した。このなかで山県は、社会主義は「社会家国」の破滅を招くとして、「我カ建国ノ大本」「万世一系ノ皇位」「天賦神聖ノ国体」「建国ノ大義」「道徳ノ根本」を強調した。そのうえで、現在の社会主義は、経済的な事情ではなく倫理道徳観念の動揺によるものだとして、「国民道徳」の普及によって「教育ノ弊」を克服すべきことを主張した。そして、具体策の一つとして山県は、小学校の教科書は特に健全な思想を養うことに留意して編成し、教授にあたってもこの精神から行うよう強く求めた。特に「万世一系ノ皇位」を強調して教科書統制の強化を主張した点が、平田とは異なる[41]。

さて、検挙者のうち秋水ら二六人が起訴され、一二月一〇日から大審院(たいしんいん)において非公開の特別裁判が開かれた。弁護人が申請した証人喚問は認められず、二九日には結審した。平田内相が警視総監と警備について相談し、大審院・監獄や主な社会主義者に警備・監視をつけるなどの準備を行ったうえで、翌一九一一年一月一八日、大審院は秋水ら被告二四人に死刑判決を行った。もちろん、この事件を「逆徒」による「言語にだも発するを恐れ候(そうろう)事件」と捉えていた桂は、裁判官が国家に忠実に、誠心誠意職務を遂行した結果、しごく当然の判決が下ったと受けとめた[42]。翌一九日、天皇による特赦というかたちで、二四人のうち一二人が無期に減刑された。

このように、大逆事件は桂内閣に決定的なダメージを負わせかねない事件であった。それにもかかわらず桂内閣がのりきったのは、次に述べるような立憲政友会との妥協体制があったからである。

野党立憲国民党の閉塞感

藩閥政府は帝国議会にたいして「超然主義」を標ぼうしていたが、大日本帝国憲法が帝国議会に予算審議権を認め、また予算不成立の際の前年度予算執行権も事実上意味がなかった以上、藩閥政府は予算の議会通過のためには、「全党排除型」（すべての政党を政権から排除する）の超然主義を維持するのは不可能であり、次善の策として「全党参加型」（すべての政党を政権に参加させることで代表性を高める）の超然主義へと向かわざるをえない。[43]

しかし、「全党参加型」も、それはそれで困難であった。自由党と立憲改進党（進歩党）とは熾烈な対抗関係にあり、両党とも「全党参加型」を拒否した。日清戦後には、藩閥の長州派と自由党とが、また薩摩派と進歩党とが、それぞれ提携することも行われたが、永続的なものではなかった。

そこで、早くから政党結成を考えていた伊藤博文と、責任政党＝統治政党化を推し進めることで政権参入をはかろうとしてきた憲政党（旧自由党）の星亨との思惑が一致した結果、一九〇〇年、藩閥政治家と民党とが政界を縦断して合同（「縦断政党」）するかたちで立憲政友会が成立した。さらに、日露戦争中の一九〇五年八月、国民から強い反発の予想される講和条約に政友会が賛成する代償として、桂から西園寺公望（政友会総裁）への政権禅譲を確約する妥協体制が成立した。この妥協体制を、桂と西園寺の名前から一字ずつとって、「桂園体制」という。[44]

さて、第二次桂内閣の成立（一九〇八年七月）当初、桂は衆議院対策として、衆議院第一党である政友会との妥協ではなく、「一視同仁」政策を採用した。これは各政党にたいする等距離を標ぼうするものであるが、実質上は憲政本党・戊申倶楽部・大同倶楽部といった非政友諸党を合同させ、与党化しようとするものであった。非政友合同は、成功すれば政友会との妥協体制から自由になるし、失敗しても少なくとも政友会との取引材料にはなるであろう。

かたや、「桂園体制」から疎外されていた衆議院第二党の憲政本党では、日露戦後、内部対立がみられるようになっていた。大石正己（まさみ）ら改革派は、政友会に対抗して憲政本党も「政界縦断」、すなわち「閥族」（この場合は桂太郎）を担いだ非政友合同を行うことで、二大政党制・政党内閣制の実現を目指した。それにたいして、犬養毅（いぬかいつよし）ら非改革派は、従来どおりの「政界横断」、すなわち政友会との民党連合の実現を主張、改革派の構想に強く反発した。結局、非政友合同が進められるも、非改革派の強い抵抗から、「吏党（りとう）」（政府党）である大同倶楽部を排除した小合同で決着、一九一〇年三月、立憲国民党が成立した。(45)

南北朝正閏問題が政治問題化した第二七議会（一九一〇年一二月二三日～一九一一年三月二二日）における衆議院各会派所属議員数は、左記のとおりであった。(46)

立憲政友会　二〇二名　／　立憲国民党　九三名　／　中央倶楽部　五〇名　／　無所属三三名　／　欠員　一名　／　計　三七九名

この各政党の議席数からわかるとおり、政友会に匹敵しうる非政友合同が行われない以上、実際の議会対策として、桂は衆議院第一党である政友会と妥協するしか選択肢がなかった。桂も、大逆事件関係者といった「猛悪志素（しそ）」とくらべると、政友会は相対的に「温和なる分子」であり、彼らを使用して「国勢之（の）進運に任（にん）せしむるも亦（また）時勢に適したる法弁〔方便〕」と思いなおして、(47)一九一一年一月、政友会との妥協が再確認された（「情意投合」(48)）。桂は政友会との妥協体制（桂園体制）から脱却しようとして「一視同仁」政策という名の非政友合同を模索したがうまく行かず、結局、

「無理が通る」(『二六』2月28日)

政友会との妥協体制に舞いもどったのである。

逆に、国民党にすれば、桂園体制からの疎外が続くことになったのであり、閉塞状況に陥っていたといえる。すなわち、藩閥政治家である桂との提携を目指していた改革派(大石ら)にしても、政友会との民党連合による桂内閣の打倒を目指していた非改革派(犬養ら)にしても、打つ手がないことを意味していたのである。[49]

貴族院における伯爵同志会の閉塞感

貴族院には衆議院のような政党はなかったのだが、伯・子・男爵議員は互選による選出ということもあって、さまざまな院内会派が存在していた。[50]

日清戦後において、院内会派のうち研究会(一八九一年結成)と幸倶楽部(一八九九年結成)は、藩閥政治家で反政党主義的な山県有朋に近く、「官僚派」と呼ばれた。また、人的にも山県系官僚の清浦奎吾を介して両派は提携を結び、院内に多数派を形成することに成功する。

しかし、明治四〇年代(一九〇七年~)になると、有爵者を中心に幸・研両派にたいする批判が強まっていく。

子爵優位の研究会—尚友会(研究会の選挙団体)への不満から、大木遠吉・徳川達孝・広沢金次郎ら伯爵クラスが中心となり、一九〇八年、選挙団体として伯爵同志会、院内会派として扶桑会がそれぞれ組織された。伯爵同志会は、『時事新報』の記事によると、「藩閥嫌の一団」であった(51)。また、結成の経緯からいっても、伯爵同志会は必然的に研究会とその友党である幸倶楽部と敵対することになる。

さて、一九〇八年七月に成立した第二次桂内閣は、貴族院では幸・研両派を与党としていた(内藤一成がいうところの「幸・研与党体制」)。幸・研の官僚派は、大木が一九一〇年度予算で皇室費の増額を批判したことをとらえて、大木は不敬であり、社会主義を容認していると攻撃した。皇室の藩屏を自負する華族は、こうした非難には一般社会以上に敏感であり、効果は絶大であった。一九一〇年六月には山県から伯爵長老としての決断を迫られた土方久元が東久世通禧・松浦厚とともに伯爵同志会を脱会したことから、以後脱会者があいつぎ、脱会者ら「非同志派」は伯爵同志会の解散を強く要求した(52)。

このように、一九一一年初頭時点で伯爵同志会は苦境のうちにあった。ただでさえ貴族院では多数を幸倶楽部と研究会とが押さえている政治状況であり、伯爵同志会はその「幸・研与党体制」から疎外され、さらに切りくずされつつあった。このような意味で伯爵同志会は、衆議院において政友会と桂内閣との妥協体制(桂園体制)から疎外されていた立憲国民党とパラレルな関係にあったといえよう。

註

(1) 喜田の生涯については、喜田貞吉「六十年の回顧」『喜田貞吉著作集　一四巻　六十年の回顧・日誌』(平凡社、一九八二年、以下「喜田回顧」と略記）を参照。

（2）東京帝国大学編刊『東京帝国大学学術大観　総説　文学部』（一九四二年）二〇七頁。廣木尚「一八九〇年代のアカデミズム史学――自立化への模索」松沢裕作編『近代日本のヒストリオグラフィー』（山川出版社、二〇一五年）九二～九四頁。

（3）前掲廣木「一八九〇年代のアカデミズム史学」九三～一〇〇頁。

（4）「喜田回顧」八四頁。

（5）松島榮一「歴史教育の歴史」歴史教育者協議会編『歴史教育の歴史と社会科』（青木書店、二〇〇三年）四七～四八頁。

（6）「喜田回顧」一〇一頁。喜田貞吉『国史之教育』（修正三版、三省堂書店・六合館書店、一九一一年）三二〇頁。

（7）三上の生涯については、三上参次『明治時代の歴史学界　三上参次懐旧談』（吉川弘文館、一九九一年、以下『三上懐旧談』と略記）、前掲山口「三上参次と官学アカデミズム史学の成立」を参照。

（8）『三上懐旧談』二～四、一一頁。

（9）同右二四、三一～三七頁。

（10）千葉功「史料編纂事業への転回――久米事件と南北朝正閏問題」『東京大学史料編纂所研究紀要』三一号（二〇二一年）。

（11）『三上懐旧談』一四八～一四九、二〇八～二〇九、二一八頁。

（12）三上参次「尊皇愛国に関する談話数則」秋山悟庵編『尊皇愛国論』（金尾文淵堂、一九一二年）二一八～二二〇、二二三頁。

（13）小松原英太郎君伝記編纂実行委員会編『小松原英太郎君事略』（非売品、一九二四年、〈復刻〉大空社、一九八八年、以下『小松原事略』と略記）八一～八二頁。松浦鎮次郎ほか編『岡田良平先生小伝』（非売品、一九三五年）一〇六頁。「喜田回顧」一〇一～一〇二頁。

（14）「喜田回顧」一〇二頁。中村紀久二「国定教科書の歴史」『復刻　国定教科書（国民学校期）解説』（ほるぷ出版、一九八二年）二七頁。

（15）「教科書に於ける南北正閏問題の由来　文学博士三上参次君談」『太陽』一七巻五号（四月一日、以下「三上由来」と略記）一二五頁。「喜田回顧」一〇二頁。

(16)「喜田回顧」一〇二～一〇三、一一三頁。『小松原事略』八三頁。

(17)「南北朝問題」『東京日日新聞』二月二五日。「教科書編纂委員」『二六新報』二月二五日。「問題更に拡大せむ（南北両朝問題）」『読売新聞』二月二二日。

(18)「南北朝正閏問題」『東京朝日新聞』二月一五日。高橋越山編『現代名家南北朝論』（成光館書店、一九一一年、以下『南北朝論』と略記）一五〇頁。

(19) 楠木正成は歴史教科書のみならず、絵本・読本・演劇などで「忠臣」としてさかんに取りあげられており、その人気は他を圧していた。たとえば、一九〇〇年に岡山県赤坂郡士師尋常小学校で三・四年生を対象に行われた調査では、「各自の模範となすべき人」という項目で、男子四一名中一九名が「楠正成」を挙げていた（残り一二名が「先生」、二名が「天子様」と答えている）。ただし、女子では一八名中の四名のみが「楠正成」で、八名が「先生」、二名が「天子様」となっており、より正確には小学生男子において圧倒的な人気だったというべきであろう（『婦人雑誌』一五巻六編、一九〇〇年。古宮千恵子「南北朝正閏問題に関する一考察——歴史学・歴史教育・民衆、それぞれの歴史意識」『歴史民俗資料学研究』一四号、二〇〇九年、八六～八七、九七頁）。

(20)「喜田回顧」一二五～一二六頁。

(21) 同右一二六～一二七頁。

(22) 同右一二七～一二八頁。

(23) 同右一三〇～一三一頁。廣木によると、もともと坪井久馬三の場合、「純正史学」と「応用史学」の担い手は別個の存在とされていたが、教科書の国定化によって両者のすみわけ構造が崩壊したうえで、喜田が両者の関係を再構築した。すなわち、歴史教育＝「応用史学」は「純正史学」と目的を異にするので、都合の悪い事実は隠蔽してもかまわないと論じることで両者の摩擦を回避したうえで、両者の違いさえわきまえていれば同一人物（この場合は喜田本人）が両者を使いわけることは可能であるとしたという（前掲廣木『アカデミズム史学の危機と復権』一五一～一五三頁）。

(24) 前掲喜田『国史之教育』五頁。

(25) 同右五～一六頁。

(26) 同右二一〇～二一一、六五頁。喜田の国家主義的な歴史教育者としての側面については、伊藤大介「南北朝正閏

問題再考」『宮城歴史科学研究』四五号（一九九八年）を参照。
(27) 廣木は、歴史は「国民道徳」に資するべきだと考えていた点では、喜田も井上哲次郎とほとんど差異がないとしたうえで、喜田が宮内省の発表までは南北両朝を対等としておこうとしたのは判断停止の意味あいが濃いといった、重大な指摘をしている（前掲廣木『アカデミズム史学の危機と復権』一二二～一二三頁）。
(28) 前掲喜田『国史之教育』一九一頁。
(29) 田中史郎「喜田貞吉の「歴史教育＝応用史学」論の性格とその歴史的位置――歴史観・歴史研究・歴史教育」『社会科の史的探求』（西日本法規出版、一九九九年）。
(30) 喜田貞吉「南北朝論」『喜田貞吉著作集　三巻　国史と仏教史』（平凡社、一九八一年）四三六～四三七頁。
(31) 野村玄「安定的な皇位継承と南北朝正閏問題――明治天皇による「御歴代ニ関スル件」の「聖裁」とその歴史的影響」『大阪大学大学院文学研究科紀要』五九巻（二〇一九年）一〇～一一頁。『三上懐旧談』二〇九～二一〇頁。ただし、『太陽』に掲載された三上談話では、一九〇七年のこととされている。また、内容が機微にわたるためか、宮中のことを「或る筋」と表現したうえで、その内部の動きを伏せている（「三上由来」一二六頁）。一方、喜田の回想では、一九〇七年にアメリカのバッファロー市にある「世界歴史および文学地図商会」からの照会だったとし、また委員会の設置を一九〇四年のこととしており、三上と時期的前後関係を逆にしている（「喜田回顧」一三一～一三三頁）。本書では、実際に委員会へ参加し、さらに回顧した時期も比較的近い三上の回想を優先した。
(32)『三上懐旧談』二一〇頁。このあとの記述は、速記中止のため欠如している。問題が機微に触れるとして、速記が中止されたのであろう。
(33) 前掲野村「安定的な皇位継承と南北朝正閏問題」一〇～一二頁。
(34) 海後宗臣ほか編『日本教科書大系　近代編一九巻　歴史（二）』（講談社、一九六三年）四六九～四七〇頁。
(35) 前掲中村「国定教科書の歴史」二九～三〇頁。前掲松島「歴史教育の歴史」五七頁。
(36) 前掲喜田『国史之教育』三二一～三三五頁。
(37) 佐藤秀夫編『続・現代史資料　八　教育　御真影と教育勅語Ⅰ』（みすず書房、一九九四年、以下『続・現代史資料』と略記）二四九～二五〇頁。
(38) 同右二六六頁。

(39)千葉功『桂太郎　外に帝国主義、内に立憲主義』(中央公論新社、二〇一二年)一一六〜一一七頁。

(40)一九一〇年七月二七日付桂太郎宛平田東助書簡、千葉功編『桂太郎関係文書』(東京大学出版会、二〇一〇年、以下『桂文書』と略記)三一二〜三一五頁。大日方純夫「南北朝正閏問題の時代背景」『歴史評論』七四〇号(二〇一一年)六頁。教育とならぶ予防策としてほかには、「社会改善」(感化救済・地方改良事業の強化、強制労働所・職業仲介所・施薬院の新設による「保険制度」の確立)を、事後策として警察による取り締まり強化(「社会主義ニ対スル警察」の設置、社会主義にたいする偵察の厳重化、社会主義者の「誘導」による「改過遷善」、「風紀ヲ紊ル」印刷物の除却)をあげていた。

(41)一九一〇年九月八日付山県有朋宛渡辺千秋書簡、尚友倶楽部山縣有朋関係文書編纂委員会編『山縣有朋関係文書』(山川出版社、二〇〇五〜八年、以下『山県文書』と略記)三巻三六五〜三六六頁。大山梓編『山縣有朋意見書』(原書房、一九六六年)三一五〜三二三頁。前掲大日方「南北朝正閏問題の時代背景」六〜七頁。

(42)前掲千葉『桂太郎』一六七頁。

(43)佐々木隆『日本の歴史二一　明治人の力量』(講談社、二〇〇二年)四二頁。

(44)桂園体制期における政治状況の概観については、拙著である前掲千葉『桂太郎』を参照のこと。

(45)櫻井良樹『大正政治史の出発――立憲同志会の成立とその周辺』(山川出版社、一九九七年)五〇〜七三頁。

(46)衆議院・参議院編『議会制度七十年史　政党会派編』(大蔵省印刷局、一九六一年)三八九頁。

(47)一九一一年一月二七日付山県有朋宛桂太郎書簡、千葉功編『桂太郎発書翰集』(東京大学出版会、二〇一一年、以下『桂書翰』と略記)四二〇頁。以下の注における書簡や日記ないし新聞記事などは、特に明記しないかぎり、すべて一九一一(明治四四)年のものである。

(48)原奎一郎編『原敬日記』三巻(福村出版、一九六五年、以下『原日記』と略記)一月二六・二九日条。

(49)「提携愈々決定す　政友会代議士多数の満足」『読売新聞』一月二九日。

(50)貴族院、特に伯爵同志会の状況については、内藤一成『貴族院と立憲政治』(思文閣出版、二〇〇五年)、同『貴族院』(同成社、二〇〇八年)を参照。

(51)「新内閣と貴族院」『時事新報』一九〇八年七月一七日。同右内藤『貴族院と立憲政治』一一五頁。

(52)同右内藤『貴族院と立憲政治』一五五〜一六〇頁。

第二章

南北朝正閏問題の突発

1　問題のはじまり

事の発端としての文部省講習会

喜田貞吉の回想によると、東京高等師範学校で開かれた中等教員地理歴史科講習会に、喜田も「普通教育上の歴史科」という題目のもと、一九一〇（明治四三）年一一月一〇日〜一二月一日に講話を行った。特に最終日には、慎重にも本多辰次郎（宮内省図書寮編修官）の臨席を求めて、南北朝にかんする文部省の議論の立て方について詳細に説明を行った(1)。本多は帝国大学文科大学国史科を卒業しており、喜田の三年先輩にあたる。いわば、「官学アカデミズム」につらなる者といえよう。

本多自身は喜田の講演にたいして「大体に於ては弊害少なき穏かな説なり」と感じたが、講習会参加者のうち南朝正統・北朝閏統の立場から批評を試みた者とのあいだで議論のやりとりが続き、その後、書面のやりとりにまで発展した。本多はこの人物のごとく、このように説明するのが教育的だとか、この事実は従来の説明では感服しないので、教育上このように教えるのを可とするとか、「銘々勝手の解釈」をする、言いかえると、「国史を教育の方面から観察して説明する」ことの弊害を指摘している(2)。

ちなみに、喜田の回想によると、講習会で辛らつな質問を試みた人物こそ峰間信吉だったという[3]。中等教員地理歴史科講習会に小学校長である峰間が出席したのかという疑問もわくが、ひょっとして次に説明する文部省師範学校修身科講習会と記憶がごちゃごちゃになっていたのかもしれない。

その師範学校修身科講習会は、一二月六～一四日に文部省で開催された。これは、全国の師範学校より校長もしくは倫理教師を招集して開かれたものである。三上によると、講習会は修身科対象であるが、地理歴史科担当の喜田も小松原英太郎文相の命により飛び入り参加した。喜田は「修身科教授と歴史」という題目のもと講話を試みたが、このときは山梨県師範学校教諭の山本宗太郎が、「南朝正統論を取らば、国民教育上如何なる悪影響を及ぼすべきか」「南北並立主義を取る時は、両朝と国法上との関係如何」といった二か条の質問状を普通学務局長（松村茂助）に提出したという[4]。

のち南北朝正閏問題が顕在化したあとの『東京朝日新聞』の報道によると、講習会で喜田は「純然たる北朝正統論」を主張したとされる。そして、出席者のうち校長らは自分の地位を考えて容易に口を開かなかったが、少壮の倫理教師からはごうごうたる非難の声があがった。なぜなら、倫理教師にとって「是れ従来の倫理教育の本旨を顚倒するものにして、吾人の堪ふる所にあらず」と感じられたからとしている[5]。

ただし、三上参次によると、喜田は南朝正統のことは学校長も承知しているだろうからと省略し、ただ北朝の皇室も軽んじるべきではない証拠を列挙したのが、喜田の議論の舌鋒がいつもながら鋭かったため、聴衆に北朝正統論と誤解されたのかもしれないと推測する。(6) 喜田自身も南朝の皇位への言及が相対的に少なかったことを認めているが、それは南朝の皇位にかんして疑いを抱く者は少ないと思ったからだという。しかし、南朝正統に積極的に言及しなかったことは、喜田が北朝正統論を主張していると誤解されやすくした。(7)

喜田は自身の解釈や判断に自信があるためか、「説明が少しく、言葉が強かった」一方、講習会参加者は倫理教育を中心とする教育関係者であって、物議をかもす条件はそろっていたのである。(8)

問題の火付け役峰間信吉

南北朝正閏問題の火付け役ともいえる峰間信吉（鹿水）(9)は、一八七三年、新治県鹿島郡奥野谷村（現茨城県神栖市）に小農の長男として生まれた。高等小学校の教師は、潮来の勤皇家宮本茶村の門下生であり、峰間も感化される。その後苦学しながら、一八九五年に茨城県師範学校尋常科を卒業した。筑波郡谷田部小学校に赴任するまでの三カ月間、四書を一〇回精読反復したが、「後年、私が東洋倫理、漢学専攻の道に入ったのも、全くこの百日の読書に胚胎して居る」という。のち東京高等師範学校も卒業する。

峰間は一九〇六年、茨城県教育会総集会の席上、小学校教員・下士官・巡査の待遇改善を訴えたことで、教諭を諭旨免職となる。免職後は樋口勘次郎（帝国教育会主事）らと「大日本教育団」を組織して、小学校教員の俸給国庫負担運動を開始する。このように峰間にとって、小学校教員の待遇改善運動と南北朝正閏問題とは、小学校教員を「国民知徳の基礎を作る」要職にあると位置づける点で、根底において不可分の関係にあった。

さて、峰間本人の回想によると、一九〇九年冬から翌一〇年春にかけて行われた（問題の教科書発行や講習会開催の時期からいって、記憶ちがいであろう）東京府教育会の教科書講習会において、喜田の講演を聞いた峰間（当時、東京市立富士前小学校長）は驚愕した。峰間のような水戸学の立場からすると、南朝正統論を採用しない輩は、『大日本史』を撰して大義名分を明らかにした徳川光圀の「御教」に背く「異端邪説」にほかならなかった。(10) 峰間は自分こそが国民の歴史観を代弁しており、南北朝正閏問題はまさに「当局者と国論との戦」であると思いこんでいた。(11)

峰間は一九一〇年一二月中旬、小松原英太郎文相に面談しようとしたがはたさず、二六日の茨城県教育関係者懇話会の席上、みずから創刊した『文学界』で批判することを宣言した。また、二八日発送の年賀状八〇〇枚でも同様の宣言を行った。(12)

峰間信吉（1933年ごろ）

おおみそかになって、やっと官邸で小松原文相と会談することができた。その際峰間は、山田孝雄の『大日本国体概論』を一読するよう文相に勧めた。この著作は、現行教科書を非難し、三上・田中義成・喜田らをののしって、「我に尚方の斬馬剣〈佞臣を斬る剣〉あらば、先づ此等不祥の言論をなすものを斬つて棄てんのみ」と憤慨するものであった。小松原は峰間の説を聞いて、「や、賛同の意を示」したという。[13]

さらに峰間は、一九一一年正月松の内が明けたころ、当時の読売新聞が売りにしていた教育記者で友人の豊岡半嶺（茂夫）に話を持ちこんだ。豊岡は援助を誓うとともに、中央新聞記者にも語って、それが『中央新聞』や『二六新報』で記事になったという。さらに峰間は、日本弘道会で、徳川達孝会長や、三島毅（中洲）・猪熊夏樹らに援助を求める演説を行ったという。[14]

のち秋水らが処刑された一月二四日の夜半には、峰間は意見書を執筆して、桂太郎首相以下政府高官に送りつけた。この意見書では、明治維新以来の民法や刑法などの諸法は、主従・師弟・夫婦の道を壊廃させたものとして捉えられていた。さらに峰間は、体罰の禁止→民俗の壊廃→孝道や君臣の大義への波及という論理構成をとっており、君臣の大義の破壊を助長するものとして「官定歴史」の南北両朝同一視が位置づけられていたのである。[15]

この峰間の運動は、実は純粋な歴史教育上の問題によるものではなく、前述のとおり小学校教員の待遇改善問題とリンクしていた。小学校教員には「義人」＝「真に邦家を憂ふる」者が少なくないことを立証するものとして運動が位置づけられており、峰間は「南北朝問題首唱者」が小学校教員であることをしつこく明らかにしようとする。[16]

当時の読売新聞が置かれていた状況

峰間が問題を持ちこんだ先は読売新聞[17]であるが、その読売新聞は、関東大震災後に全国紙化へと飛躍する布石をすでに打ちつつあった朝日や毎日にくらべて、おおきく出遅れていた。[18]

日露戦後の新聞界が報道第一主義に進んでいたのにたいして、読売新聞は文学・教育・美術・趣味・家庭の特殊新聞に傾斜していて、報道新聞としては二流三流と評された。一九一〇年、首脳部が交替となり、社主本野一郎、社長高柳豊三郎のもと、新主筆には笹川潔（東花、臨風笹川種郎の実弟）が選ばれた。しかし、これらの改革は上層部のブレーン強化にとどまるもので、下部は旧態依然のまま放置された。笹川主筆が国家主義的な論説を掲げる一方[19]、文芸欄では文壇の新思潮を代表する作家・詩人・評論家が登場するなど、紙面も統一性を欠いていた。

当時の読売新聞では、記者に学士（すなわち大学卒業者）が七人もいるなど、高学歴化していた[20]。また、教員から移ってきた「教員記者」も存在した。後者の一人が、峰間が問題の記事化を依頼した豊岡半嶺である。

豊岡半嶺（茂夫）[21]は、一八七一年、下総国印旛郡安食村の岡野宇八の長男に生まれた。喜田と同い年であるのも奇遇である。ただし、喜田が歴史学の方面を歩んだのにたいして、豊岡は歴史教育の方面に向かった。豊岡は千葉県師範学校・東京高等師範学校を卒業後、さまざまな学校の教諭や教頭を歴任したあと、一九一〇年、読売新聞に教育記者として入社した。南北朝正閏問題突発の直前までの長い期間、教師としてつとめていたのである。豊岡死去時の追悼会（一九一二年七月三日）において、発起人総代の吉田弥平（東京高等師範学校教授）は弔辞で、豊岡の論説が「我ガ国民道徳ノ振張」に貢献したと賞賛したが、これこそ当時の師範学校における歴史教育観を示唆しているものと思われる[22]。

豊岡は咽喉気管支を病み、南北朝正閏問題の翌一九一二年六月に死去するのだが、同月に刊行された遺著『大楠小楠』をみると、豊岡の南北朝観がうかがわれる。

豊岡は、「第一章　序論」で楠木正成・正行父子を取りあげる理由を述べる。豊岡は、かつて幕末に藤田小四郎（藤田東湖の息子、水戸天狗党の首領格）らと往来し、かつ水戸学に触れた人物である石原吾道に頼山陽『日本外史』などの講義を受け、『日本外史』の楠氏論賛などは口誦一句も誤らないほど、楠木の忠誠に感奮した。よって、福沢諭吉が『学問のすゝめ』で物議をかもした楠公権助論には、「痛く反感を抱」いたという[23]。

また、豊岡いわく、日清・日露戦争後、政治上の個人主義、経済上の社会主義、文芸上の自然主義が瀰漫した結果、大逆事件が起き、さらに国定教科書では「北朝を正統としたる結果、一時、忠烈なる楠氏を以て、逆賊尊氏の輩と同視するに至」った[24]。この危害は福沢の功利主義による危害よりもはるかに大きいという[25]。

南北朝の正閏にかんして豊岡は、「南朝は自ら正統にして、之に対峙する北朝の如きは、唯、尊氏一個の私を済さんが為め、擁立したる僭偽の主のみ[26]」という。そのような豊岡からすると、国定教科書には大きな問題があった。

> 水戸義公〔光圀〕以来確定したる史論にも拘はらず、国定歴史教科書は、三上、喜田両博士の意見に由り、故らに、南北両朝を対立して、其の正閏を定めず、〔楠木〕楠正成の忠誠を以て、逆賊尊氏と同一視するに至れり、大義名分の没却も亦極れりと謂ふべし[27]。

よって、豊岡は、南朝の「〇〇天皇」にたいして北朝の諸天皇を「〇〇帝」と、また後醍醐方の「官軍」にたいして、後醍醐天皇に叛いた側を「賊」「賊兵」「賊軍」と、それぞれ表記する。ただし南北朝正閏問題後の桂内閣による行政処分とは異なって、豊岡は「吉野朝」ではなく「南北朝」と呼称する。ちなみに、『太平記』『梅松論』が「主上の御謀叛」とか「宮の御謀叛」と表記するのを、豊岡は「時代思潮の迷語も亦太しと謂ふべし」といいながら、自著のある章のタイトルを「元弘帝『御謀叛』」としているのである。[28] つまり豊岡は、後醍醐天皇ら南朝の行為をすべて免責することはなく、基本的に『太平記』に準拠した南北朝観を抱いていたといえる。

実は豊岡は、軽々しく死に急ぐような武士道の極端さをキリストの訓言（右の頰を打たれたら、左の頰を差し出せ）によって中正穏健化したものを、国民道徳として想定していた。[29] そのうえで楠木父子を崇拝することで、大逆事件や中国での革命運動のような「思想界の低気圧」が日本を襲うことを防遏しようとしていた。[30] この豊岡の論説は当時の読売新聞の路線に沿ったものであり、「笹川主筆は之を善とし」たという。[31]

南北朝正閏問題のはじまり

一九一一年一月一九日、諸新聞が前日の大逆事件の判決を大きく報じるなか、『読売新聞』一面の「論議欄」に、半嶺子「南北朝対立問題（国定教科書の失態）」という論説が掲載された。[32] 半嶺子とは豊岡半嶺のことである。

この論説は冒頭で、武門政治の顚覆や征夷大将軍の断絶を意味する明治維新という「大業」を

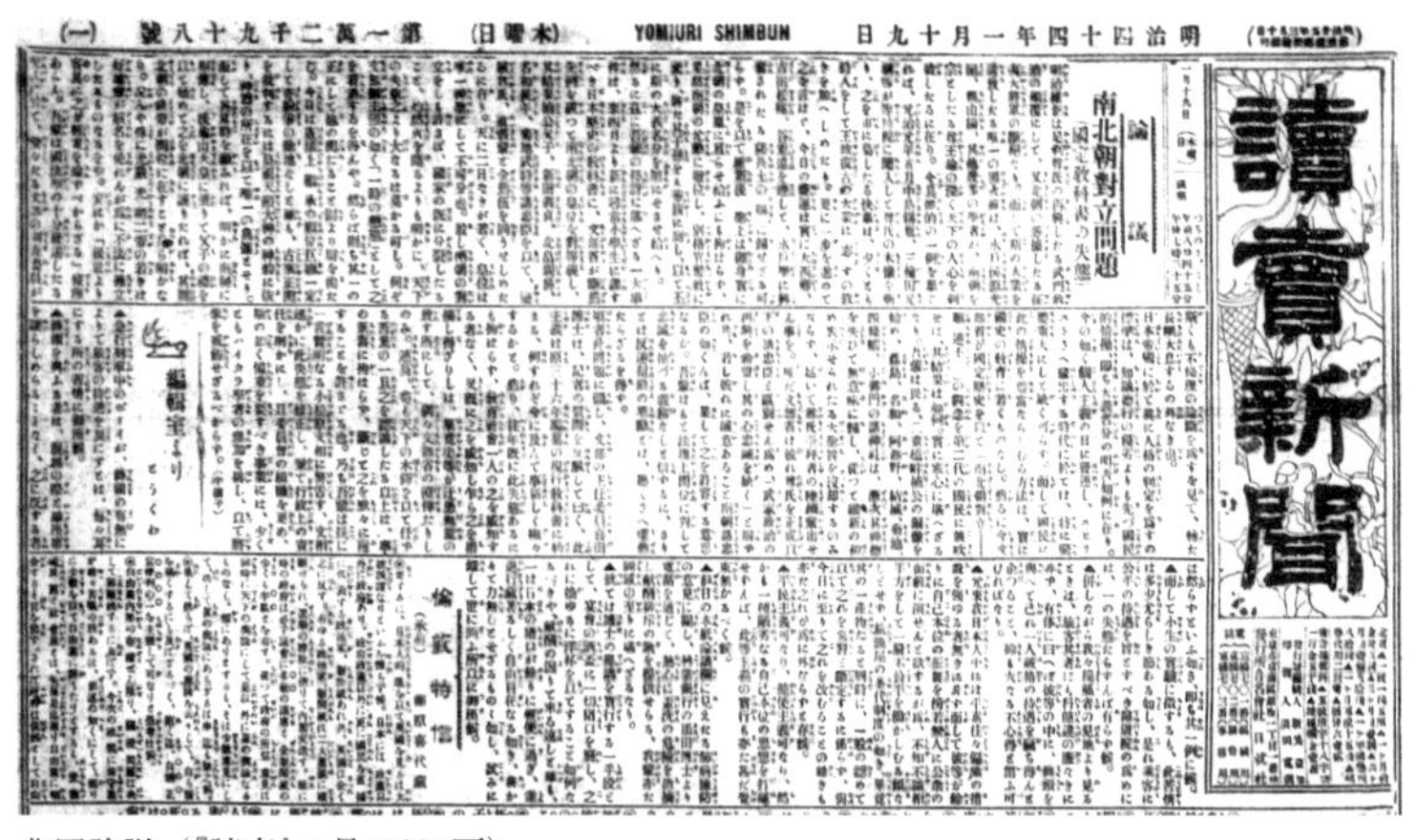

豊岡論説（『読売』1月19日1面）

誘致したものとして、徳川光圀や頼山陽などの学者が南朝を宗とした「尊皇論」の役割を強調し、よって維新後、「聖上」も自身が北朝の皇胤にもかかわらず南朝の元勲に贈位などして、「大義名分」を明らかにしたという。

しかし、豊岡にとって怪訝にたえないのは、来る四月から新たに尋常小学校で使用される国定教科書で、文部省が先例を破って南北朝の皇位を対等視して、楠木正成親子や新田義貞ら忠臣を、「逆賊」足利尊氏・直義などと同列視したことである。よって豊岡は、「天に二日なきが若く(33)、皇位は唯一神聖にして不可分也。設し両朝の対立をしも許さば、国家の既に分裂したること、灼然火を睹るよりも明かに、天下の失態之より大なるは莫かる可し」と断言する。一方が正で、他方が閏であることはいうまでもなく、また正閏を判断するには古来「神器の所在」が唯一の典拠なのであって、当時は南朝が神器を相伝したのだから、南朝が正であること明らかである。

讀賣新聞　明治四十四年一月十九日

特別裁判の判決

幸徳等廿四名死刑二名懲役

▲法廷内の光景

▲法廷外の光景

大逆事件判決（『読売』1月19日3面）

日本帝国において人格の判定をする標準は、知識徳行の優劣よりも「国民的情操」、すなわち、「大義名分の明否」にある。しかしながら、「今の如く個人主義の日に発達し、ニヒリストさへ輩出する時代」において、国民の情操を豊かにするはずの国史教育で南北朝対立の観念を教えたならば、反逆幇助を奨励することになると、小松原文相に警告する。文相は、この失態を修正するような慎重を要する事業には、「ハイカラ学者」の参加を排除しなければならない。

論説中にみられる「ハイカラ学者」とは、喜田のように帝国大学を卒業して、博士号を有するようなインテリを指す。言いかえれば、「官学アカデミズム」を体現する者たちのことである。喜田からすれば自分のことを「ハイカラ学者」とは思わないだろうし、私たちの喜田に対する一般的なイメージも、おそらく後半生から得られたイメージによるためであろうか、「ハイカラ学者」からはほど遠い。しかしながら、本書一八頁の写真からもうかがえるとおり南北朝正閏問題当時の喜田にたいする他者イメージは、まさしく「ハイカラ学者」にほかならなかった。

また、文中の「ニヒリスト」とは、社会主義者のことを指している。[34]端的にいうと、明治天皇の暗殺を計画したとして逮捕され、今まさに処刑されようとしている、大逆事件関係者のことである。『読売新聞』は大逆事件の判決を報じた日に、意図的にこの記事をぶつけてきた。南北朝正閏問題が大逆事件に結びついたことは、単なる歴史や教育の問題を超えた政治問題と化すことを意味した。

ただし、『読売新聞』によるこの戦略は、すぐには効果を表さなかった。他の新聞は当初追随しなかったのである。大逆事件の判決報道直後に御船千鶴子の自殺報道（一月二〇日）もあって、紙面をにぎわしたのは南北朝正閏問題ではなく、「千里眼事件」（透視・念写といった超能力の真偽をめぐって起きた騒動[35]）のほうであった。南北朝正閏問題が新聞で大々的に報じられるのは、後述の藤沢元造による衆議院での質問演説と、そのときの藤沢の奇矯な行動（桂内閣の籠絡によって、藤沢は支離滅裂な言辞を吐いたうえで、議員辞職を表明した）など、メディアにとって格好の報道ネタが現れてからのことになる。

早稲田大学漢学者グループへの飛び火

以上みてきたとおり、世間一般では千里眼事件のほうへ気をとられているなか、『読売新聞』の豊岡論説に敏感に反応したのが、早稲田大学の漢学者グループであった。

彼らの行動をみる前に、なぜ漢学者が敏感に反応したのかについて、簡単に説明しておきたい。日本漢学のうち特に後期水戸学では、朱子学を名分論に傾けるかたちで受容した。すなわち、君主が天下を安(やす)んじて宗廟社稷(そうびょうしゃしょく)を維持するという責任を果しえない場合には、君主をとりかえることをも是認する朱子学とは違って、日本では君臣間の上下の区別（「名分」）を守ることがもっぱら臣下たる者の義務としてとらえられた。言いかえると、「大義名分」という幕末期日本で作られた概念を道徳基準として南北朝の正閏を判断する（その場合、ほぼ自動的に南朝正統となる）ことは、日本の漢学者、特に水戸学者にとって、なじみの発想であった。[36]

さて、一月二〇日、早稲田大学講師室において、牧野謙次郎と数名の講師（永井一孝(ひでのり)・菊池三九郎・桂五十郎）がストーブを囲んで雑談中、ふと前日の『読売新聞』の記事を発見、ゆゆしき大事なりとさかんに談論した。そのうち北朝正統論者の吉田東伍(とうご)も来あわせて議論になったが、水掛け論に終わって解散した。牧野は帰途、同僚の松平康国(やすくに)を訪(おとな)い、このまま棄ておくべきではないが、すでに教科書として採用されているものであり個人としては改訂困難なので、しかるべき代議士をして議会で質問させるべしと決して帰宅した。[37]

牧野・松平は最初当該問題を貴族院に持ち出す目的で谷干城(たにかんじょう)をわずらわそうとしたが、谷が病気のため面会ができず（谷はこの直後の五月一三日に死去）、代わりに衆議院議員に依頼することにした。ただし、政友会や国民党などに依頼すれば政治問題に利用される危険性があるので、牧野の従弟(いとこ)の藤沢元造に依頼することにした。藤沢が無所属であることは、当該問題が政党に利用されることを嫌う牧野・松平にとって、都合がよかった。[38]

牧野謙次郎（藻洲）は、一八六三年一月（文久二年一一月）に讃岐国高松に生まれた。大橋訥庵が牧野の父にたいして、学問には経学が必要である、そして腐儒となるな、韓退之（韓愈）・蘇東坡（蘇軾）はこれを腐儒とみよといったという話を、父から聞かされた牧野は、若い時分から経学を学んだ。牧野は、盟友の松平いわく、坊主と神主が嫌いというだけに迷信のない、純粋な儒者であった。正史である二十二史を読破しただけでなく、明治維新の史実にもくわしく、好んで勤王志士の話をした。一九〇 年に東京専門学校の講師となり、「早稲田漢学」の中心人物となる。[39]

牧野の筆は尊王愛国の至誠より発し、大義名分を明らかにして彝倫道徳を正しくする点から行われ、「邪説詭弁」を弄すると認定した者には筆誅を加えた。実際の問題においても、南北朝正閏問題や一九二三年の宮中某重大事件などに奔走した。[40]「我々は三度飯をいただいておればそれでよい。学者は貧乏が当然である。自分が東京へ出てきたのは、金を貯めるだけではない、また名誉を得るためでもない。何か事があった時に働くためである」と常日頃語っていた牧野にとって、南北朝正閏問題はまさにその事にあたったのである。[41]

かたや、牧野の盟友松平康国（天行）は、一八六三（文久三）年、当時長崎奉行であった大久保忠恕の子として、長崎に生まれた。年少のころ栗山という句読師から『十八史略』を習い、また一八七二年からは漢学者川田剛（甕江）の経営する英学塾の逢坂学校で英語を習った。その後、共立学校や大学予備門（ただし中退）を経て、堤静斎のもとと二松学舎で漢学を修めた。一八八五～八九年の間、アメリカのミシガン大学に留学して、政治法律を学んだ。帰国後の一八九一年から東京専門学校につとめていた(42)。

清廉潔白で無欲恬淡の高士であったが、逆にいつまでも一事に拘泥せず、面倒さを嫌うところがあった。よって、事件の解決が長引くと中途でこれを投げ出してしまう傾向があるため、早稲田大学の同僚の平沼淑郎からは「退却将軍」とあだ名された。盟友の牧野も、南北朝正閏問題では早く解決したからよかったと評したという(43)。

牧野と松平は、性格は正反対であったが、互いにその短を補った結果、無二の親友となった(44)。以後、牧野と松平は協力して政治運動にも乗り出し、たとえば後年の宮中某重大事件では、「城南荘」グループのメンバーとして山県有朋糾弾運動に奔走する(45)。

さて、松平がのち『正閏断案国体之擁護』に寄せた「史学の趨勢と国体観(46)」によると、松平は、今の日本国民に国体観念が乏しい原因の一つとして、史学界の趨勢をあげる。松平いわく、史学界を代表する故重野安繹博士なぞは、桜井の別れなどを抹殺してかえりみない。実によって直書するのが史家の務めだとしても、その方法が問題である。そして、次のようにいう。

一にも古文書と曰ひ、二にも古文書と曰ひ、一切の記録、一切の口碑を無視するに至りては、豈に研究の正法眼ならんや。古文書は縦令正確なるも歴史の一資料に過ぎずして、歴史其の物に非ざるなり。

このような、いわば「古文書第一主義」とでも評すべき「史家」の態度への心情的反発は、南朝正統論者に広くみられるところである。

漢学者内田周平の参加

牧野・松平は、他の漢学者にも運動への参加を呼びかける。

内田周平（当時、慶応義塾大学文学部教授）の後年の回想によると、牧野から手紙が送られてきて、南北両朝を同等にしたことについてどう思うかと尋ねられた。内田はただちに「漢賊両立セズ、当ニ撃ツテ却クベキナリ」という諸葛亮孔明の「後出師表」の言葉で返答を送って、牧野・松平らの同志に加わったという[47]。

内田周平（遠湖）[48]は、一八五七（安政四）年、儒医で眼科医の子として、遠江国浜松の新町に生まれた。家業の関係で東京大学医学部に入学したが、本科に移るころにはすっかり医学への興味を失い、そのぶんドイツ文学や漢文学への興味が高まった。

漢学にかんしては、幼少の折、はじめ従兄について四書の素読を学んだりしたほかはときどき父に質問するぐらいで、ほとんど独学であった。内田は医学部予科の最末期ごろから根岸の漢学者萩原西疇について八家文の講義を聴いたり、詩文を作ったり、ドイツ語の詩を漢訳したりするようになった。大学では漢文ばかり読んでいたので、一年落第したという[49]。ついに、一八八五年一月、卒業を目前として医学部を中退、文学部の選科生となって漢学と哲学を本格的に学びはじめることになる。

その後、熊本の第五高等中学校教授時代に、崎門派という道学へと傾いた。以後、気節を尚んだ内田にとって、漢学でも訓詁考証を主として義理の研究をしない学派への評価は低く、たとえば徂徠学の流れにある藤沢南岳は嫌いであった[50]。よって、内田は牧野や松平と違って、南岳の息子元造にたいしてはあまり期待していなかったと推測される。

その後東京に戻り、正誼塾という私塾を開く一方、東京帝国大学や国学院・慶応義塾・国士館などで儒学の教鞭をとった。また、日露戦後の一九〇七年ごろから、崎門学の解明と、山崎闇斎・浅見絅斎らの顕彰、遺品・遺跡の保存活動を行っていた。正義感の強い気難しい性格で、彼から見て少しでも道をはずれた言行があると、ただちに絶交をしたという。

いっさいの精力をあげてひたすら自分の学問に集中する「世外」の人としての内田の晩年の姿については、義理の甥にあたる竹山道雄の「最後の儒者」にくわしい。たとえば、竹山がいつ行っても、二階から大きな声が聞こえて、「朗朗と単調に傍若無人に本を読んでいた」という[51]。

この内田が牧野・松平の運動に加わったのは、漢学者同士というよしみからではもちろんなく、彼の目指した道ないし道学の観点からであった。のち六月一一日の水戸義公〔徳川光圀〕顕彰講演会における内田の「義公を頌するの詞」によると、喜田ら「俗儒曲学の徒、唯々権勢に迎合するを知りて、大義名分の何物たるを知らず、断簡零墨の綴輯を事として、炯眼卓識の之を断ずるなく、皇統の正閏を謬り、臣民の順逆を誣ひ、甚しきは民に二王ありと放言」するような「邪説淫辞」を、内田は許せなかったのであろう[52]。

以上みてきたように、国定教科書における南北朝の記述を真っ先に問題視したのが、牧野・松平・内田といった早稲田・慶応義塾大学の漢学者たちであった。今よりもはるかに官尊民卑が強いなか、また大学といっても、帝国大学令で規定された東京・京都・東北・九州の各帝国大学しか存在しないなか、私立大学（法令的には「専門学校」に位置づけられる）の教員たちには帝国大学など官立学校にたいする激しい対抗心が存在したと推測される。また、牧野・松平・内田が帰属意識を抱いていた「漢学」という学問分野は、歴史と倫理道徳とが未分化なものであった。よって彼らは、帝国大学における歴史学、すなわち「官学アカデミズム」にたいして、二重の意味で強く反発したと考えられる。

2　藤沢元造をめぐる動き

代議士藤沢元造の登場

牧野と松平は、牧野の従弟（いとこ）で代議士の藤沢元造（無所属）の引きこみをはかろうとした。藤沢元造（ふじさわもとぞう）(53)は、漢学者藤沢南岳の長子で、一八七四年、大阪の唐物町に生まれた。幼少より家学である漢学を父から教授され、その後東京に遊学、蒲生褧亭（がもうけいてい）・小山春山（おやましゅんざん）などに師事して経学と詩文の研究にふけった。清への遊学後は、家塾の泊園（はくえん）書院で子弟を教授した。

一九〇八年の総選挙で、元造は大阪府郡部の選挙区で推薦され、当選した。新聞に掲載された元造の推薦広告は、大阪府下郡部に千百の門弟を有し、名声天下にとどろく南岳の令息で、「学識兼備、清廉剛直、我府下の面目を発揚すべき知名の士」として、元造を大阪府各郡有志者や泊園同窓会が推薦するというものであった。(54)

当選後の元造が所属した又新会は、所属の政治家の多く（たとえば、河野広中）が、宮地正人いうところの「国民主義的対外硬派」であった。彼らは、国民・民衆のエネルギーを重視し、その力を、立憲政治の確立を通じて日本を帝国主義的に発展させるために結集させようとする考えを共通に持っていた。彼らのスローガンを端的にまとめると、「内には立憲主義、外には帝国主義」というものになる。(55) この又新会は、前述の非政友合同の際に分裂し、各政党（政友会・国民党・中央倶楽部）および無所属に散らばることになるが、(56) 無所属に移ったうちの一人が元造である。

元造の教科書問題にたいするスタンスは、父南岳によると、「単に南北朝問題のみにあらずして、教科書は正史に拠る可し。教育の宿源は忠孝にありて、其本を二にすべからず」というものであった。(57) また、南岳によると、元造は「今日の如く選挙の方法宜しきを得ず、無識陋劣の徒の代議士たるを見て痛く痛憤し、此等と席を列ぬるを屑とせず」との態度であり、もともと教科書問題にかんする自己の意見の成否にかかわらず、ただちに議員辞職をする決心だったという。(58) 南北朝正閏問題の際における元造の動きが透けてみえてきそうである。

藤沢元造（『万朝報』2月17日）

藤沢による質問書の提出

牧野・松平の要請を受けた藤沢が松村茂助（文部省普通学務

国定教科書編纂ニ関スル質問書
一、神器ハ虚器ニシテ　皇位ト没交渉ナリヤ
二、足利尊氏ハ反逆ノ徒ニアラザルカ
三、勤王諸氏楠氏新田ノ諸公ハ忠臣ニアラザルカ
四、文部省ノ編纂ニ係ル尋常小学用日本歴史ハ国民ヲシテ如上ノ疑念ヲ抱カシメ皇室ノ尊厳ヲ傷ケ奉リ教育ノ根柢ヲ破壊スル憂ナキカ

藤沢自筆質問書（『日本及日本人』554号）

局長）に照会して教科書一式を取り寄せたところ、単に国体を失っているどころか、大いに矛盾するところがあることに気づいたという。また、藤沢は衆議院において同問題を調査中、来あわせていた犬養毅から、「そは実に由々敷大問題なり」との声援を与えられた。こと皇統にかかわるのでどのような結果を来すやもはかりがたいとして、いったん帰省して父南岳の許しを得たうえで、二月四日、衆議院に質問書を提出した。(59)

さて、藤沢が衆議院へ質問主意書を提出するにあたって衆議院議員に賛成を求めたところ、河野広中をはじめとして、南朝の正統なことはすでに定まっているのに、いまさら南北朝並立とするようなことは絶対ないといって信じなかった者が少なくなかったという。(60) それを説得して、五一名の賛成者を得た。賛成者を政党会派（カッコ内は、そのうちの又新会出身者）ごとに示すと、無所属二五名（一四名）、立憲国民党一五名（一〇名）、中央倶楽部六名（一名）、立憲政友会五名（一名）の計五一名（二六名）である。(61) 無所属や国民党を中心として、藤沢がかつて所属した又新会出身者が約半数を占めている。

このように、議会という「劇場」に移ることで、メディアをはじめとする注目ががぜん集まることになった。

藤沢への説得工作の開始

藤沢の質問演説は、二月九日に予定されていた。

「松平手記」によると、藤沢が質問書を提出した二月四日の夜[62]、桂首相が下岡忠治（しもおかちゅうじ）（農商務省農務局長）を藤沢の旅宿に派遣して、質問書の撤回を試みたという。

下岡忠治は、一八七〇年、摂津国川辺郡広根村の酒造業の家に生まれた。一八八三年以降、大阪の中学校に通うかたわら南岳の泊園書院に学んでおり、旧師南岳の息子である元造は、幼なじみの学友という関係にあった。このようななか南北朝正閏問題が起きたため、下岡はまず上司の大浦兼武（かねたけ）農商相に諮（はか）り、次いで桂首相の委嘱（いしょく）を受けて、藤沢の説得に来たのである[63]。

しかし、下岡が、こと皇室にかかわりはなはだ恐れ多いとの桂の言を伝えたうえで、「君も陛下の臣民に非（あら）ずや」と迫っても、藤沢はいやしくも不敬にわたらない以上何の不可があろうかと返答したという[64]。

一方、桂内閣はもとより、主管官庁である文部省にとっても、藤沢の質問書は急所を突くものであった。『東京朝日新聞』の報道では、文部省としても弁解の辞はなく、狼狽（ろうばい）ひとかたならず、数日来、鳩首（きゅうしゅ）協議中だという[65]。小松原英太郎文相にしても、文相自身への攻撃にとどまるのであればいざ知らず、もしも宮内省への攻撃となれば、こと皇室に関係するとして、それだけは絶対に避けたかった[66]。

小松原英太郎[67]は、一八五二（嘉永五）年、備前国に農家兼鰻（うなぎ）問屋の長男として生まれた。もとは過激民権派の『評論新聞』編輯長として禁獄された経験もある。内田周平いわく、「小松原は初めは自由民権論者のチャキチャキ」だったのである。[68] それが、出獄後は官界に入り、のち山県系官僚となった。もと民権派がのち藩閥政府に接近して政府の官僚となるケースは結構みられるが、小松原もその一人であるといえよう。

さて、小松原は自身で説得するため、五日は日曜日にもかかわらず（『東京朝日新聞』の報道で[69]は七日の火曜日）、貴族院の一室で藤沢と面会した。藤沢が来るや上座にすえたうえ、「曩に大逆事件ありて日猶浅きに、今又皇室に関する御事を叡聞に達し奉るは、誠に恐懼の至りなり」として（同じ『東京朝日新聞』の報道では「頗る迷惑なり」といった、より直截的な表現になっている）、質問書以外の方法、たとえば文相あての建白書提出を勧めた。その際、小松原が苦衷を漏らしたとおり、政府にとって最大のネックは、宮中自体が現天皇の祖先である北朝の天皇を祀っているという事実であった。[70]

この小松原文相の懇請にたいして、藤沢は「曩に大逆事件の如きありて人心の動揺の後なればこそ、今日此質問を提出せしなり。事や君国万世の休戚安危に関す。苟も憂国の臣子、何ぞ黙して止むべけん」と拒絶した。また藤沢は、宮中における北朝の天皇の奉祀にかんしても、血筋上北帝を追尊することと正統皇位に列することとは別なことだとして、「予は尊氏の擁立せる天子を認むる能はざるなり」と発言したのである。[71]

さて、藤沢の質問演説が予定されていた二月九日は、その前までの質疑が長引いて時間がなくなったため、演説は一週間後の一六日に延期された。長山靖生は、政府側の答弁がいつになく懇切丁寧だったことから、政府ははじめから時間切れによる議題の先延ばしを計画していたと推測するが、ありうる話だろう。[72]

この前後においても、小松原文相は藤沢をして質問書を撤回させるべく百方手を尽くしたが、藤沢はその応接がうるさいとして姿をくらましたので、ついに警察力を乱用して居所を探索させ、藤沢側の牧野の邸宅に角袖巡査の立ち番をさせたという。[73] また、『読売新聞』の記事では、政府は警官三名をして藤沢の行動を監視させたとか、東京における旅宿である三崎町の森田館の隣室に密偵を潜ませたとかいう。[74]

また桂首相は、下岡を通じて南岳に書簡を出させ、元造に質問書を撤回させるよう要請する手も使ったが、失敗に終わった。[75] そもそも、南岳自身が、『大日本史』第一巻の「南北の乱、正系の皇統は、只神器の在否に見る」という字句から南朝正統論の立場に立っており、[76] 南岳に元造を説得させることははなから困難であったといえよう。

立憲国民党と伯爵同志会への働きかけ

牧野謙次郎は、藤沢の引きこみと並行して、二月五・六日ごろには、従来から交際のあった早稲田大学政学士の三塩熊太を訪問して、ともに運動するよう依頼する。経緯を聞いた三塩は憤慨して、極力当局者を反省させて教育界の混乱を匡正しようと、教科書から南北朝正閏問題関係を抜粋したものを印刷して貴衆両院の主なる者に配布するとともに、犬養毅ら立憲国民党、大木遠吉ら伯爵同志会、さらには高島鞆之助や頭山満などにも協力を要請し、水戸教育会会長の菊池謙二郎とも連絡を取ったという。[77]

三塩の運動先である犬養ら立憲国民党や、大木ら伯爵同志会が、それぞれ「桂園体制」や「幸・研与党体制」から疎外されて閉塞状況にあったのは、前述のとおりである。よって、国民党や伯爵同志会が三塩の働きかけに積極的に呼応していくのは、自然なことであった。

牧野・松平・三塩の三人は二月一三日、早稲田大学の創立者にして国民党の母体憲政本党の事実上のオーナーであった大隈重信を訪問して、昼食をともにしながら大隈の意見をたたいた。すると、大隈は慨然〔気持ちが高ぶるさま〕として、「明治維新は南朝正統思想の発顕にして、従来聖旨のある所を忖度すれば、誰か南朝正統を疑ふものあらんや。宮内省何物ぞ。敢て順逆を紊すの権利あらんや」と、南朝のために気焔万丈だったという。[78]

また、前日の二月一二日には、三塩がいっさいの書類を携えて大木遠吉を私邸に訪問、大木も驚いて、「そは国家の一大事なり」として、十分調査勘考のうえ貴族院で質問することを快諾した。さらに、一四日の夕刻、今度は松平と三塩が大木を訪問した。大木は、元来この問題は衆議院より先に貴族院から出すべきものではあるが、正式な質問は間にあわないので、明日、たぶん桂首相が出席するので、突然質問を放つことを約束した。大木の考える質問の要点は、現行の小学校における日本歴史は国体を破壊し、大義名分を滅却するものではないかというものであった。[79]実際、翌一五日の貴族院本会議で、大木が突如議長に、教科書問題につき桂首相へ質問するため発言の許可を求めたが、却下された。[80]

大木遠吉は、一八七一年、佐賀出身の藩閥政治家大木喬任の子として生まれた。大木は幼時、家庭教師から主に漢籍を学び、特に朱子学を修めた。敬神の念に篤く、自邸の庭に祖先神を祀って礼拝し、また神社参拝も有名であった。忠君愛国の念が強く、好んで書いた文句は「欲為聖明除弊事（聖明の為に弊事を除かんと欲す）」だったという。[81] 大木は、華族にはめずらしいべらんめえ口調で、豪放磊落な性格であった。特に、貴族院議員初期は、「天性の野武士的性格を発揮して、閥族に反抗し、官僚を攻撃し、縦横無碍に振るまった」人物であった。[82]

ちなみに、『読売新聞』[83]は、貴族院において教科書問題に熱心な人物として、大木のほかに伊沢修二の名前も挙げている。彼らは喜田の『国史之教育』を取りよせて調査し、また、伊沢は信濃青年会の席上でも教科書問題の一端を発表したという。

伊沢修二[84]は、一八五一（嘉永四）年、信濃国高遠城下に、高遠藩士の子として生まれた。明治期には文部省の音楽取調掛として、音楽教育の整備を行ったことでも有名である。伊沢は勝ち気かつ癇癪もちで有名であり、怒ったときは厲然〔怒っているさま〕たる音声と炯々たる眼光と、さらには多くの場合鉄拳を伴うこともあって、彼の属した貴族院幸倶楽部の食堂でも、その左右に腰をおろす者はいなかったという。

伊沢はもともと、「教科書国定の制度は、真理を官定して、研究の自由を束縛せむとするもの、是れ断じて国家の利益にあらじ」[85]と考えていた人物であった。よって、国定教科書によって歴史観が「官定」されたうえに、その歴史観が南北朝並立論だったことは、二重に問題であると思われたのであろう。

以上みてきたように、桂内閣と政友会との「情意投合」後、桂内閣を揺るがしうる政治問題と

「オヤオヤいやな雲が」（『二六』2月13日）：前方に「大逆事件問責」と「教科書事件弾ガイ」の黒雲がある

して、大逆事件とならんで南北朝正閏問題があるなかで、閉塞状況にあった諸政治勢力は、南北朝正閏問題に飛びつくことになる。

文部省・宮内省の責任問題の高まり

南北朝正閏問題は国定教科書の記述が問題視されたことから、まず文部省の責任を問う声が高まった。少しあとのことになるが、『時事新報』二月二一日の社説は、学者が研究するのは自由であるが、文部当局が歴史教科書に一個の私見を記して天下の子弟に教えるのは僭越であり、また、奨励しつつある忠君愛国主義をみずから破壊するものだとして強く批判する。さらに、そもそも文部省に国定教科書の編纂権があること自体が問題だとして、根本的な「手術」の必要さえ主張している。(86)また、ある教科用図書調査委員も、南北朝対立論を主張した委員の引責辞任とともに、小松原文相もなんらかの方法をもって責任をとるべきだと主張していた。(87)

責任問題は宮内省にも飛び火する。なぜなら、文部省の喜田が弁解する際、本問題は宮内省でも調査中という口実をあげたからである。二六新報の記者が宮内省の山口鋭之助（図書頭）に尋ねたところ、宮内省でも目下調査中で、正閏の問題はなんら決定していないことを認めた。ただし、山口は、皇室の事柄につき民間のジャーナリストや政治家が政治問題と混交して議論する傾

向のあることにたいして、警告を発している。(88)

また、渡辺千秋宮相も談話で、田中光顕（みつあき）前宮相以来すでに八年間の調査を続けているにもかかわらず、今回のような事件を惹起（じゃっき）したのははなはだ遺憾だとして、取り急ぎ調査を遂げ、国民教育にさしつかえないことを期すと語った。(89)

しかし、二月二四日になって河村金五郎（宮内次官）は、かつて田中宮相時代に学者へ皇統年代の調査を委託したが未定であって、宮内省としては一言も口外できないし、今回の教科書問題にはなんら関知しないと言明した。(90) 要は、宮内省は関係ないといいたいのである。

註

（1）「喜田回顧」一三三～一三四頁。

（2）本多辰次郎「国史の教育に付て」『歴史地理』一七巻二号（一九一一年）五〇～五二頁。

（3）「喜田回顧」一三四頁。

（4）同右。「南北朝事件真相　喜田博士の弁疏」『東京朝日新聞』二月一〇日。「三上由来」一二七頁。ただし、より同時代に近い前掲喜田「南北朝論」内の「本書の発行に就いて」（一九一一年二月）によると、聴講者のなかから一、二、すでに二百年来信じて来た北朝閏位説を放棄することへの戸惑いの声も聞こえたが、質問者や異議者は一人もいなかったという（前掲喜田「南北朝論」四三五～四三六頁）。

（5）「南北朝事件真相　喜田博士の弁疏」『東京朝日新聞』二月一〇日。

（6）「三上由来」一二七頁。

（7）前掲喜田「南北朝論」四三四頁。

（8）『三上懐旧談』二〇九頁。

（9）峰間信吉については、横山健堂編『峰間鹿水伝』（峰間氏還暦祝賀会記念刊行会、一九三三年、以下『峰間伝』と略記）、菅谷務「峰間信吉と南北朝正閏問題――ある教育者が生きた「国民国家」という物語」『近代日本における転換期の思想――地域と物語論からの視点』(岩田書院、二〇〇七年)を参照。

(10)一九一一年三月五日、峰間が南北朝問題の「解決」を水戸の常磐神社(祭神は徳川光圀・斉昭)に奉告した際、同社宮司が奉読した祝詞の一節。峰間鹿水「南北朝正閏問題顛末」『増補再版　国定教科書に於ける南北朝問題始末(豊岡半嶺君事功)』(文学協会、一九一四年、以下『峰間始末』と略記)一九~二〇頁。

(11)『峰間伝』三五〇頁。

(12)『峰間始末』七頁。

(13)同右。

(14)同右八頁。

(15)「大逆事件に関し桂首相等に呈して国民道徳振興を議するの書」『峰間伝』三四〇~三四二頁。ちなみに、体罰を禁止したのは、一八七九年の教育令である。

(16)峰間信吉「南朝正位論の首唱者は果然小学教員なり」『教育界臨時増刊　南朝号』一〇巻六号(一九一一年)八八~九一頁。『峰間始末』五~九頁。山崎藤吉・堀江秀雄共纂『南北朝正閏論纂』(鈴木幸、一九一一年、以下『正閏論纂』と略記)六四二~六五〇頁。

(17)当時の読売新聞については、読売新聞一〇〇年史編集委員会編『読売新聞百年史』(読売新聞社、一九七六年)二一九、二三九~二四四頁を参照。

(18)小野秀雄があげた一九一一年ごろの各紙の推定発行部数による(ちなみに、『やまと新聞』が二カ所出てくるが、おそらく後者のほうであろう)と、『報知新聞』二〇万部内外、『国民新聞』『やまと新聞』『万朝報』一五~一七万部、『東京朝日新聞』八~九万部、『東京日日新聞』『都新聞』『読売新聞』『中央新聞』『やまと新聞』四~五万部、『時事新報』三~四万部、『日本』『東京毎日新聞』『世界』『中外商業新報』二~三万部というものであった(小野秀雄『日本新聞発達史』五月書房、一九八二年、三一六~三一八頁)。このうち、大阪で競合していた二紙(『大阪朝日新聞』・『大阪毎日新聞』)は、すでに東京への展開をはじめていた。すなわち、『東京朝日新聞』『大阪朝日新聞』と東西別個になっていた合名会社を合資会社に統合したのが一九〇八年、『大阪毎日新聞』が東京の老舗紙『東京日日新聞』の発行権を譲り受けたのが一九一一年のことであった。ここから、関東大震災後に全面展開する全国紙化への布石を、朝日と毎日はすでに打っていたことがわかる。

(19)一九一一年二月一日、徳冨蘆花が第一高等学校で幸徳秋水らの処刑を批判する演説(「謀叛論」)を行ったが、笹川は『読売新聞』二月一二日で、「驚くべきは近時の国家主義的思想に対する一般国民、殊に青年の反噬（はんぜい）的態度なり」と批判した（前掲『読売新聞百年史』二四三頁）。

(20)「東京新聞の内景」『国民雑誌』二巻四号（四月一日）一七頁。

(21)豊岡の経歴については、『峰間始末』二頁を参照。この冊子は、一九一四年一一月二二日、峰間が従事した豊岡の第二回追悼講演会で配布されたもので、もともとは豊岡の遺著『大楠小楠』巻頭の豊岡の小伝と、峰間による序とを収録したものである（増補再版で峰間鹿水「南北朝正閏問題顛末」を付録として追加した）。

(22)『峰間始末』一〇～一一頁。読売新聞における豊岡の僚友として、南北朝正閏問題に奔走した横山健堂も、「明治以来、教育界に始めて見たる国体擁護の大運動」であると述べている（横山健堂『師範出身の異彩ある人物』南光社、一九三三年、八九、九三頁）。

(23)豊岡茂夫『大楠小楠』（敬文館、一九一二年）一～二頁。福沢諭吉は『学問のすゝめ』（一八七二～七六年刊）のなかで、楠木正成の討ち死にを、主人の金をなくしたため首くくりをした権助（下男の代表的名前）の死と同等ではないかと批判した。前掲横山『師範出身の異彩ある人物』九四頁も参照。

(24)後述するように、喜田や三上を非難するグループには、国定教科書は北朝正統説を採用したと誤解する向きが強かった。

(25)前掲豊岡『大楠小楠』二頁。

(26)同右一一八頁。

(27)同右一一九頁。

(28)同右四七～五六頁。

(29)同右一四三～一四四頁。

(30)同右一九四～一九六頁。

(31)『峰間始末』八頁。

(32)『読売新聞』一月一九日。『続・現代史資料』二七六～二七七頁。

(33)「天に二日無く、地に二王無し」（天に太陽が二つないように、地に王は二人いてはならない）という文句は、『礼記（らいき）』曾子（そうし）問篇や『孟子』の一節にあり、正統な天皇が同時に複数存在することをゆるしがたいと考える論者（ほとんどが南朝正統論者）がよく引用したものである。

（34）前掲大久保「ゆがめられた歴史」五二頁。

（35）南北朝正閏問題のちょうど前後に、熊本の御船千鶴子や丸亀の長尾郁子などの透視や念写能力をめぐって、千里眼＝透視ないし「心霊学」が、科学なのかそれとも迷信なのかが問われる事件が起きていた。一九世紀末において、従来の古典物理学では説明のつかない不可視作用や放射線（X線やラジウム、α・β線など）の存在が発見されており、単純に迷信であると切って捨てるわけにはいかなかった。実験に参加した学者の一人である山川健次郎も当初は、各方面の専門家がさまざまな方法で千里眼問題を実験・研究し、できれば事実としてその原理を確かめるべきだと考えていた。ただし、長尾にたいする物理実験は、長尾家とのトラブルもあって行われなかった。そのため、東京帝国大学理科大学の物理学者たちは、千里眼を「科学」ではなく、「迷信」ないし「疑似科学」として認定する。物理学者のなかでは穏健派であった山川も、厳密な実験を経ない対象は判断以前の問題であるとの立場をとるようになった。このように、南北朝正閏問題が歴史／教育ないし歴史／道徳（倫理）の線引きないしせめぎあいだとしたら、同時並行的に、心霊学や透視・念写といった「現象」をめぐって科学／迷信（疑似科学）の線引きないしせめぎあいが見られたのである。ちなみに、千里眼事件をめぐる議論に参加した山川・井上哲次郎・加藤弘之は、後述のごとく南北朝正閏問題にも関与しており、その点でも興味深い（一柳廣孝『〈こっくりさん〉と〈千里眼〉――日本近代と心霊学』、講談社、一九九四年、一〇四～一〇五、一一九～一二〇、一二八～一二九、一三四～一三六、一五七～一六二、一七九～一八四頁）。

（36）明治末期の南朝正統論が朱子学本来の思想とはまったく異質なものであったことについては、尾藤正英「正名論と名分論――南朝正統論の思想的性格をめぐって」家永三郎教授東京教育大学退官記念論集刊行委員会編『近代日本の国家と思想』（三省堂、一九七九年）を参照。

（37）「南北朝問題の真相　藤沢氏質問の動機　当局者の狼狽と秘策」『東京朝日新聞』二月一九日。松平康国記・牧野謙次郎補「国定教科書事件手記」（以下「松平手記」と略記）友声会編『正閏断案国体之擁護』（松風青院、一九一一年、〈復刻〉みすず書房、一九八九年、以下『国体之擁護』と略記）三四一頁。前者の『東京朝日新聞』の記事では、ことの発端である早稲田大学講師室の話を一月二〇日ではなく一九日のこととしている。

（38）『国体之擁護』三四二頁。

（39）吾妻重二編著『泊園書院歴史資料集――泊園書院資料集成一』（関西大学出版部、二〇一〇年、以下『泊園書院』と略記）三七六～三七七頁。三浦叶『明治の碩学』（汲古書院、二〇〇三年）四～八、一四、二六頁。

(40) 同右三浦『明治の碩学』二四頁。
(41) 同右九頁。
(42) 同右四三、五一、六二、六五～六七頁。
(43) 同右三〇、四〇～四一頁。
(44) 同右一二～一三、四一頁。
(45) 福家崇洋「国家改造運動」筒井清忠編『大正史講義』(筑摩書房、二〇二一年)三二三頁。
(46) 松平康国「史学の趨勢と国体観」『国体之擁護』三一四～三二五頁。
(47) 内田周平『南北朝正閏問題の回顧』(非売品、谷門精舎、一九三八年、以下『内田回顧』と略記)三頁。内田周平「大義名分に就て」『弘道』二三〇号(五月)六五頁。
(48) 内田周平(遠湖)については、柳田泉「明治文学と内田遠湖先生」尾佐竹猛編『明治文化の新研究』(亜細亜書房、一九四四年)、桂木惠「犬養毅と南北朝正閏問題(上)——内田周平宛書簡を中心に」『信濃』六六巻五号(二〇一四年)、竹山道雄「最後の儒者」『竹山道雄著作集四　樅の木と薔薇』(福武書店、一九八三年)を参照。
(49) 前掲三浦『明治の碩学』八八～八九、九六頁。
(50) 同右八六～八八、九〇、九二～九三頁。
(51) 前掲竹山「最後の儒者」二三四頁。
(52) 内田周平「義公を頌するの詞」『国体之擁護』二六九～二七〇頁。
(53) 藤沢元造の経歴については、「藤沢黄鵠」・「衆議院議員名鑑」『泊園書院』一三七～一三八頁を参照。
(54) 「黄鵠の立候補」『泊園書院』一四三～一四四頁。
(55) 宮地正人『日露戦後政治史の研究——帝国主義形成期の都市と農村』(東京大学出版会、一九七三年)。
(56) 前掲櫻井『大正政治史の出発』五八～七五頁。
(57) 「辞職せる代議士藤沢元造の行動　政府の毒酒に酔ひ　狂乱の一夜を送る」『東京朝日新聞』二月一八日。
(58) 「藤沢代議士の辞職理由」『大阪毎日新聞』二月一七日。『泊園書院』一五五～一五六頁。
(59) 「南北朝問題の真相　藤沢氏質問の動機　当局者の狼狽と秘策」『東京朝日新聞』二月一九日。「松平手記」三四二頁。

三塩熊太の「正閏論問題の起源と大日本国体擁護団」に掲載された写真版（本書六〇頁参照）によると、藤沢自筆の質問書は、もともとは次のようなものであった（三塩熊太「正閏論問題の起源と大日本国体擁護団」『日本及日本人』五五四号（三月、以下「三塩起源」と略記）一九九頁。「藤沢氏の辞職真相（圧迫乎将懇請乎）」『読売新聞』二月一七日もほぼ同文（ただし、カタカナをひらがなに変えている）の質問書を掲載したうえ、前三項はあまりに過激に失するとみずから認めて抹消し、最後の一項のみをもって質問書を提出したとする）。

一、神器ハ虚器ニシテ皇位ト没交渉ナリヤ

二、足利尊氏ハ反逆ノ徒ニアラザルカ

三、勤王諸氏、楠木新田ノ諸公ハ忠臣ニアラザルカ

四、文部省ノ編纂ニ係ル尋常小学用日本歴史ハ国民ヲシテ如上ノ疑念ヲ抱カシメ皇室ノ尊厳ヲ傷ケ奉リ教育ノ根柢ヲ破壊スル憂ナキカ

それが補訂されて、次の五か条となったという（「三塩起源」一九六頁。「松平手記」三四一～三六四頁）。

第一、文部省は神器を以て皇統に関係なしとするや

第二、文部省は南北両朝の御争を以て皇統の御争となすや

第三、文部省は南朝の士正成以下を以て忠臣に非ずとなすや

第四、文部省は尊氏を以て忠臣となすや

第五、文部省の編纂に係る尋常小学校用日本歴史は順逆正邪を誤らしめ皇室の尊厳を傷け奉り教育の根柢を破壊するの憂なきや

また、さらに次の二か条を加えて、七か条におよんだ（「三塩起源」一九六頁）。

第一、文部省は小学歴史教授の主旨を如何に定めんとするか

第二、文部省は南朝に神器なき事実を認めしか

この改訂版が、のち桂首相によってまきあげられたと世に評判されたものだという。

かたや、「松平手記」によると、五か条版のうち、第一条は長谷場純孝（すみたか）（衆議院議長）の忠告で削除し、第二～四条も削除して、第五条のみの提出となったという（「松平手記」三四二頁にある質問書の要領も、文字に異同はあるが、同じ内容のものである）。

（60）「松平手記」三四三頁。

(61)『続・現代史資料』二七七～二七八頁。前掲『議会制度七十年史』三七六～三九三頁。

(62)日付が早すぎるきらいもあるが、一応史料に従っておく。

(63)三峰会編刊『三峰下岡忠治伝』(一九三〇年、以下『下岡伝』と略記)五三、五六、三六五頁。『泊園書院』三八〇頁。ただし、『下岡伝』三六五～三六六頁がいうように、二月一五日に下岡が新橋駅で藤沢をまちかまえ、その後首相官邸で藤沢を説得したというのは、ほかに伝記に散見されるのと同様の事実誤認であると思われる。

(64)「松平手記」三四三頁。

(65)「文部大臣の狼狽　南北朝の正閏　藤沢氏の質問」『東京朝日新聞』二月九日。

(66)『小松原事略』八六頁。『峰間伝』二二三～二二四頁。

(67)小松原については、「小松原英太郎」(坂野潤治執筆)国史大辞典編集委員会編『国史大辞典』(吉川弘文館、一九七九～九七年)六巻一三頁を参照。

(68)前掲三浦『明治の碩学』九六頁。

(69)「文部大臣の狼狽　南北朝の正閏　藤沢氏の質問」『東京朝日新聞』二月九日。

(70)「松平手記」三四四～三四五頁。

(71)同右。前述の『東京朝日新聞』の報道では、「宗廟に関するの大事なれば、其是非は之を明かにせざるべからず」と発言したという(「文部大臣の狼狽　南北朝の正閏　藤沢氏の質問」『東京朝日新聞』二月九日)。

(72)長山靖生『帝国化する日本――明治の教育スキャンダル』(筑摩書房、二〇一八年)一一五～一一六頁。

(73)「南北朝正閏問題」『東京朝日新聞』二月一五日。

(74)「藤沢氏の辞職真相(圧迫乎将懇請乎)」『読売新聞』二月一七日。「辞職問題真相(醜事実の有無如何)」『読売新聞』二月一八日。

(75)『泊園書院』三八〇頁。『正閏論纂』三一～三二頁。『南北朝論』一四三～一四四頁。

(76)『時事新報』二月一七日。『南北朝論』一四二～一四三頁。

(77)「三塩起源」一九六頁。「松平手記」三五七頁。前掲小山「南北朝正閏問題の教育史的意義」六七頁。

(78)「松平手記」三五七～三五八頁。「三塩起源」一九八頁。ちなみに、大隈はこの発言に続けて、伊藤博文が一九〇三年に政友会総裁を辞めたのも、明治天皇が足利尊氏を憎んでいるなかで、山県有朋から伊藤が政友会総裁であるのはあたかも尊氏のごとしといわれたことに起因しているとしている。

(79)「松平手記」三五八頁。三塩熊太「正閏問題の解決と国体擁護団」『国体之擁護』(以下「三塩解決」と略記)三七四頁。
(80)「貴族院議事(十五日)」『読売新聞』二月一六日。
(81)伊藤正『大木遠吉伯』(文録社、一九二六年)一、六～七、九、一三六～一三七、二一一頁。
(82)同右二一、一九五～一九八、二二三頁。
(83)「南北両朝問題(喜田博士の失言)」『読売新聞』二月一六日。
(84)伊沢については、上沼八郎『伊沢修二』(吉川弘文館、一九六二年)を参照。
(85)伊沢修二「教科書国定制度を難ず」信濃教育会編刊『伊沢修二選集』(一九五八年)一〇〇六～一〇一五頁。
(86)「南北正閏論」『時事新報』二月二一日。『南北朝論』一六九～一七三頁。
(87)「文相引責せん」『万朝報』二月一八日。『南北朝論』一四八頁。
(88)「南北両朝対立問題　宮内省側の意見」『二六新報』二月一四日。『南北朝論』一四八～一四九頁によると、『時事新報』二月一四日にも「宮内省当局者談」が載っているが、ほとんど同一の内容である。
(89)「宮内省の正閏問題」『万朝報』二月一九日。
(90)「宮内次官の言明　南北朝問題に就て」『二六新報』二月二五日。

第三章

藤沢元造の質問に向けて

1　質問演説まで

喜田貞吉・三上参次への人身攻撃キャンペーン

南北朝正閏問題のメディア報道のきっかけをつくった『読売新聞』は、喜田貞吉やさらには三上参次にたいして、悪意を持った人身攻撃キャンペーンをはじめる。

『読売新聞』二月一六日の「南北両朝問題（喜田博士の失言）」は、喜田が昨年の東京府教育会の講習で三種の神器を漫罵して、「あんな者は物品ぢや。事実は権力に在る」と妄言したとか、「長官に阿媚〔こびへつらうこと〕し、恬然〔安らかでのんびりとしているさま〕人の嗤笑を意とせず、資性射利〔財利を追い求めること〕を好み、株式売買に浮身を窶し、某書肆〔書店〕とは醜関係さへある」とか、喜田が「何の因縁か、南朝忠臣の最終活動地より、今回多数の逆徒を出せり」との毒言を放ったとか、言いたい放題に報じた。ちなみに、文中にある「南朝忠臣の最終活動地」とは和歌山県を、「逆徒」とは大逆事件で刑死した大石誠之助を指していると思われる。

また、『読売新聞』二月一八日の「先づ喜田博士を葬れ（暴言の真相）　喜田の放言」は、藤沢と面会した際、喜田が「将来天に二日を生ずる事が有りませう」とまで放言したと報じた。(1)

『読売新聞』はさらに徹底していて、二月二〇日の「両朝問題の火の手（再び喜田博士等の責任〕」では、「某教育家」の談話として、喜田が同僚に「実は北朝が正統にして、正成は逆臣也。併しさうも書けざるが故に、暫く南北朝対立にして置きたり」とか、「尊氏を賊とすると北朝は賊の天子となり、今の朝廷は賊の天子の後裔〔子孫〕になる」とか語ったと暴露して、喜田を弾劾したのである。

二月二一日の「両朝問題の反響（博士攻撃の火の手益々盛也）」も、喜田の「傲岸」さぶりをくり返すとともに、喜田への攻撃に連動して、三上排斥の声が東京帝国大学内に起きていると報じている。

さらに、二月二二日には「さる史家」の三上評を載せている。(2) それによると、三上は「民主思想」にかぶれ、崇峻帝を弑逆した蘇我馬子を弁護し、足利尊氏や井伊直弼をかばうなど、没常識の評論を行っていると描かれている。

二月二三日には、某記者が喜田を訪問したところ、平生の豪放さにも似ず悄然〔憂えるさま〕として、僕は師範学校長を買いかぶっていた、彼らがこれほどの「没分暁漢」〔物事の道理をわきまえない男〕であることに思いいたらなかったのがそもそもの遺憾であったと嘆いたとか、すでに岡田良平（文部次官）まで辞表を提出したとか報じている。(3)

以上みてきたように、喜田や三上への攻撃は人身攻撃の色合いをおび、また喜田・三上からすると事実無根の報道があいついだ。喜田は北朝正統説を立てるための予備行為としてあいまいな態度をとっているとか、三種の神器を物品とみなしてそれで皇位を定めるべきではないとの主張を持っているとか、将来といえども天に二日を生じることの絶無を保証しがたいといったとか、さまざま報じられたが、これらは喜田からすると思いもよらないことであった[4]。そのようなあることないことを報じられた結果、次のような見当違いの脅迫状さえ舞いこむことになる。

汝等は幸徳の一味ならん。其の事業の失敗の報復をなす為に、尊氏の二の舞を世人にすゝめ、千歳の後邦家を覆さしめんことを企てたり。其の罪逆賊に譲らず、其の誅戮を免るゝは一に皇恩によれり。汝等若し此の事を非認せば、自殺して誤説世を迷はせし罪を至尊と国人とに謝すべし。然らざれば、汝等は実に幸徳等の一味なり。天誅豈に踵を回らさんや。（無名）

（消印岡山）[5]

ほかにも、横須賀で陸海軍将校約百名の秘密会合があって、身命をなげうって喜田の同志を族滅するとか、もし秘密にことが行われなければ全国の陸海軍将校団をあげて兵力に訴えるとの決議をしたとかいった情報を知らせる「御念の入ったからかいのもの」もあった[6]。逆に、喜田の意図を取り違えて、喜田を激励する書状もあった。それは、四面楚歌のなか真理のために力闘する喜田を、イプセンの戯曲「民衆の敵」の主人公ストックマン博士に仮託したものであった[7]。

南北朝正閏問題と大逆事件の連動

喜田への脅迫状にみられたように、南北朝正閏問題は大逆事件と連動して受けとられた。すなわち、大逆事件で「逆徒」を生み出したのは、教育において大義名分が徹底していないからであり、その例証として国定教科書による南朝正統論の否定があげられるという論法であった。南北朝正閏問題で奔走した内田周平などは、大逆事件に関与した一人が糾問されたときに、「○○○○は北朝の後だから○○しても構はない」といったとの情報をどこからか入手していた。(8) 大逆事件に関与した一人とは幸徳秋水を指し、前者の伏字には「今の天皇」が、後者の伏字には「暗殺」や「殺害」に類した言葉が、それぞれ入ると思われる。なぜなら、それは次の瀧川政次郎の思い出話と符合するからである。

一九二五～二六（大正一四～一五）年ごろ、瀧川は大逆事件当時検事であった小山松吉から、次の話を聞かされたという。すなわち、鶴丈一郎裁判長が秋水に向って、「御聖徳高き今上陛下に対し奉り、大逆を企てるがごときは、天人倶に許さざる大罪なるぞ」と恫喝したところ、秋水は昂然〔おごり高ぶるさま〕として、「今の天皇は、南朝の天子を殺して三種の神器を奪い取った北朝天皇の子孫ではないか。それをどうかしようというのが、それほど悪いことか」とやり返した。鶴裁判長は答えができずにグッとつまったので、法廷は混乱に陥り、その日は閉廷になったという。(9)

また、宮下太吉が一〇月二〇日の東京地方裁判所における予審で、一九〇七（明治四〇）年に森近運平に会った際、森近から「日本歴史ハ支那ノ文物制度ヲ受ケタ後、良イ加減ナ事ヲ拵ヘタモノテアルカラ、信用ハ出来ヌ。神武天皇カ大和ノ橿原ニ即位セラレタト言フカ如キハ皆嘘言ニテ、神武天皇ハ九州ノ辺隅ヨリ起リ、長髄彦等ヲ斃シテ其領土ヲ横領セシモノニ過キナイ。然ルニ、其子孫ヲ天子トシテ尊敬スルノハ、謂レナキ事テアル」といわれたため、いよいよ皇室を軽んじる考えを強めたと供述する。(10)

この宮下の予審調書は外部に漏れ、井上哲次郎による主義・主張の補強として使われる。喜田の回顧録には、三月三日の日記が次のように引用されている。

> ○○博士の東亜の光の教界春秋を読む。一昨日の東京毎日に出でたる「国民道徳を無視せる喜田博士」とあると同一意見なり。博士の誤解も甚し。博士が大逆事件と歴史とを結び付けて考ふるは、過日徳川達孝伯の発起にて、華族会館にて鵜沢総明氏に逆徒の事を聞きたる時よりの事なりと云ふ。鵜沢氏談に、森近運平は久米氏の大日本古代史(11)を読み、紀年の信ずべからざる事を知りて不臣〔ママ〕の念を起したりといふと云へり。又某の手帳に、竹越氏の二千五百年史の中の文を記入しありたりと云云。(12)

『東亜の光』は井上哲次郎主宰の雑誌であることから、○○には「井上」が入る。井上は教科用図書調査委員の一人として共同責任があるにもかかわらず、それを棚にあげて、真っ先に反対の気焔をあげたのである。また、井上が森近の供述を聞いたのは、鵜沢総明からであったこともわかる。鵜沢は弁護士として大逆事件の被告の弁護をつとめ、供述書を入手できる立場にあったため、情報入手ルートは確かにそうなのであろう。

国学者と聖断による決着という方法

南北朝正閏問題では漢学者の姿ばかりが目立つが、このとき国学者や神道関係者たちはどうしていたのだろうか。

明治期の国学者として有名な井上頼圀は、過去の経緯から「聖断を仰ぐ外無し」と主張した。井上は太政官修史局時代に、飯豊皇女と長慶天皇は歴代の皇位に加算し、また南北朝の並立については、いずれを正統と定めるべきか臣子が私に論定すべきものではないので、聖断を仰ぐ旨の奏請をしたが、今に何の御沙汰もない。学者も歴史家も事実をもって正統論をまげるわけにはいかない。ただし、自分は宮内省に職を奉じているので、なんとも明言できないという(13)。

井上は、正統論については最終的には聖断で決定するほかないと思いつつも、個人的には宮内省に出仕していたこともあって、現天皇が北朝の出という事実も無視しえないという、いわばジレンマの状態に置かれていた。実際、『太陽』の記者にたいする談話でも、宮内省の意見と誤解されかねないとして南北朝正閏論にかんする意見表明は避け、『続神皇正統記』の作者についてというあたりさわりのない話題に終始している(14)。

いずれにしても、かつての久米事件とは違って、南北朝正閏問題では国学者や神道関係者の姿はみえてこない。現天皇が北朝の系統であることから、意見表明を自制していたと思われる。ただし、解決手段として「聖断」＝天皇の意志を持ち出すところが国学者らしい。

藤沢・牧野・松平と喜田・三上の会見

林田亀太郎（衆議院書記官長）によると、もともと藤沢元造の質問演説が予定されていた二月九日の本会議前、藤沢は林田を訪問して、今回の教科書編纂にかんする質問演説をし、政府より満足すべき答弁を得られたならば、ただちに辞職すると告げたという。林田は藤沢には辞職すべき理由がないとして慰留したが聞かず、藤沢はただ質問演説前に伊勢神宮に参拝して自己の誠心誠意を神明に奉告し、斎戒沐浴そのことにあたるべしと告げて、ひょう然として退出したという[15]。もともと持論である政策を実現するために代議士になったわけでもなく、「無識陋劣の徒」たる他の代議士と席を同じくすることを嫌っていた藤沢らしい言動である。

同じ二月九日、藤沢は小松原英太郎文相と会見して、国定教科書の編纂責任者とも会談することになった。この会談相手には、藤沢・牧野謙次郎・松平康国が相談のうえ、小松原のあげた四名（三上・喜田・田中義成・萩野由之）のうち、三上・喜田を指名することにした。また、藤沢側が二〜三人の「友人」を同道することも小松原は認めた[16]。一方、三上によると、小松原文相からは、喜田が応接してもしも相手方を激高させるようなことがあってはいけないとして、三上も応接するよう命じられたという[17]。喜田も、三上は「介添」の意味で臨席したと回想している[18]。

小松原との会見後、藤沢が誘惑されることを危惧する松平や牧野の勧めで、藤沢は神武天皇陵や伊勢神宮へ参拝などして、質問演説予定日（二月一六日）の前日か前々日に帰京することになった。それ以外のことについては、すでに夜も深更におよび、旅館で話すのも不便なので別のところへ行こうと、藤沢が人力車を命じて先導した先が、牛込白銀町の待合「もみぢ」であった。松平に説得されてしぶしぶ入った牧野も、途中、酒と芸妓が出るにおよんで、不謹慎をとがめて席を蹴って帰ってしまった。[19] あとに何度も出てくることからわかるように、どうやら藤沢はアルコール中毒だったらしい。

翌一〇日午後、藤沢は貴族院で小松原文相と会見した。小松原からはある時期をもって教科書の修正を行うから質問書を撤回しないかといわれたが、藤沢は修正の時期を確定しなければ承知できないとして、交渉は決裂した。[20] 教科書は多くの編纂委員から成り立っているものである以上、文相の言明としてはこれが精一杯だったのであろう。[21]

続いて午後五時から文部省で、藤沢・牧野・松平と三上・喜田との会談がはじまった。[22]

藤沢・牧野・松平側の記録[23]によると、彼らの受けとめ方は次のようなものであった。藤沢・牧野・松平が明治維新以来の官撰史書や南朝忠臣への贈位などから、南朝正統はすでに定まって久しく、[24]また南北朝対立となれば将来非常なる危険の源因にならないかと警告した。それにたいして三上・喜田は、南朝正統はいまだ勅定などで確定されてはおらず、また南北朝対立だとしても、将来南北朝のような争いは起らないと反論したという。

しかし、皇位の正閏と忠臣・逆臣の別となると、三上・喜田側の主張はがぜん苦しくなる。三上は、日本は易姓革命の中国とは違って皇統一系であるがゆえに、いずれが正で、いずれが閏であるとはいえないという。さらに、藤沢の「君等は天に二日あるを許すか」という発言にたいして、喜田は「それはもう仕方なし。将来に二日あるか三日あることが出来るか分らぬ」とまで言いきったという。ただし、北朝が南朝とともに正統であると認めながら、「尊氏の徒は忠臣とすべからず」（三上の発言）とするのは理屈上矛盾しており、牧野や藤沢はその矛盾を執拗に追及する。たとえば、北朝の「忠臣」である藤原良基の銅像を、湊川神社の楠木正成の銅像の上手に建設した場合、三上は第一の賛成者となるのかと意地悪な質問をしたところ、三上は「大に弱りたる状態」になったと描写している(25)。

いずれにしても、藤沢側は喜田・三上が北朝正統論者であると思いこんでいた。藤沢一派からすれば、南朝正統論ではない南北朝対立論と北朝正統論とは五十歩百歩の違いと受けとられていたと思われる(26)。

それが、三上や喜田の側からみると、まったく違ったものとなる。三上談話によると、藤沢は約束の時間を一時間以上遅れて、それも酒気ふんぷんとして現れ、途中も今夜帰郷するための乗車券を紛失したので、旅宿に電話をかけさせて女中に探させるなど落ちつかず、三上・喜田の説明もたびたび中断した(27)。結局、藤沢は自己の所説を述べることなく、三上・喜田に種々質問したのみで、七時過ぎに退散したという(28)。藤沢は激情型かつ酒に飲まれるタイプなので、はなから三上・喜田の言い分を聞く気もなかったのであろう。

また、三上・喜田は、藤沢側が自分たちを「北朝正統論」者と決めつけることにも、誤解であると反論した。喜田からすれば、南北朝対立論は南北朝対等論という意味ではなく、また容易に正閏軽重を論じるべきではないということは正閏軽重がないという意味では決してないのである(29)。

「松平手記」によると、会見が終わったのは午後九時半すぎで、藤沢とは文部省の門前で別れたという。その際、松平は序を、牧野は詩を送ったが、松平の送序は、伊勢神宮に参宮する藤沢を、道鏡が皇位につくのを阻止すべく神託をえるため宇佐八幡宮に参宮する和気清麻呂に、また松平や牧野を、和気清麻呂を支援する藤原百川に、それぞれ仮託したものであった。[30]

帰省し帰京する藤沢

伊勢参宮に同行した代議士の卜部喜太郎[31]の談によると、藤沢は三上と激論をなし、「夫れでは自分の心事を神宮に奉告しやう」といって文部省を飛び出したが、切符を他のものとまちがえて汽車に飛び乗った。また、伊勢神宮参拝時の藤沢の様子は、神楽をあげ、神官に祝詞をあげてもらうと、しまいにはポロポロ涙をながして、感激のあまり持っていたハンケチもグショグショになるほど泣きに泣いたという。[32]いかにも激情型の性格である。

牧野によると、藤沢は大阪に帰省した際、漢学者にとって聖典にあたる『論語』を、厳君南岳の面前で引き裂いたという。このことから牧野は、藤沢には「何れからか手が廻」っており、厳君の掣肘との板挟みで神経が亢奮していたと推測する。ただし、藤沢が一三日に大阪を出発して熱田神宮に向かう際に詩を賦したときは、精神もしっかりしていたという。[33]

質問演説予定日前日の一五日午後二時、藤沢が新橋駅に到着すると、政府は藤沢をつかまえ、[34]貴族院の大臣室で桂太郎首相が藤沢と面会した。のち桂が原敬へ弁解していうところでは、「会見を求められ大臣室にて会見せしに、頻りに流涕〔涙をながすこと〕して、全く狂人の態度なり」という。[35]席上、桂は教科書改訂を約束したが、藤沢はそれを素直に信じたようである。[36]小松原の回想によると、桂が教科書改訂を約束したため、一転して藤沢は政府攻撃を思いとどまらざるをえず、質問撤回を誓約した。また、演説原稿も桂へ渡してしまったという[37]。さらに、藤沢は自己の面目を持するため、公職を辞する決心を固めた[38]。

議員辞職を決心した藤沢だが、小松原の回想によると、当時、藤沢は精神がすこぶる昂奮し、他からの「強迫」を恐れてしきりに庇護を求めたので、桂が藤沢とともに自動車で自宅（後述の新聞報道によると、首相官邸のことか）に戻り、同人を懇諭して帰らせたという[39]。

質問演説日当日

二月一六日（木）午前一一時三〇分ごろ、桂首相は院内大臣室に入った。衆議院の開会時間（通常、午後一時）の間際になっても藤沢が質問書を撤回しなかったため、桂の不安はひとかたならず、長谷場純孝議長（政友会所属）や林田亀太郎（衆議院書記官長）、さらには政友会の原らと対策を協議した。当の藤沢は、開会一〇分前の午後〇時五〇分になって、ひそかに通用門から登院、ただちに質問書撤回および議員辞職の書面を議長に提出したという[40]。

『東京朝日新聞』掲載の林田の談話によると、林田や長谷場は議員として国家に貢献すべき任務はほかにもあると説得したが、いうことを聞かないので、林田は書記に辞職願を書かせ、藤沢に自署させて議長へ提出した[41]。また、長谷場の談では、藤沢は桂首相や小松原文相が「一介の書生」にすぎない吾輩の言を容れて教科書訂正を言明されたのは満足するところで、このうえはいさぎよく議員を辞職するという薄弱な理由を何度もくり返したという[42]。

藤沢の主観では、議員辞職は「身を殺して仁をなす也」（『論語』）であり、[43] この日登院する際も、「元や本日大往生を遂げたり。演壇を以て湊川とす。お喜び下さるべく候」といった遺書を置いてきたという。[44]「志士仁人」ないし南朝の忠臣きどりだったのであろう。結局、衆議院における演説は、政府攻撃ではなく、議員辞職の弁明となった。

『読売新聞』によると、南北朝問題の演説をあてこんで傍聴席は「大入木戸止の盛況」で、特に小学校の先生らしい人が多く見受けられた。[45]『東京朝日新聞』によっても、傍聴席は満席で、その六割を「教育社会の人々及学生」が占めていた。それにたいして、議場や政府委員席は予算の衆議院通過後のため空席が多く、冬枯れの感がしたという。[46]

午後一時一九分に開会となり、[47] 藤沢は「声低うして、風采亦堂々たるものにもあらざるも、荘重の態度と悲調を帯ぶ音響」をもって演説をはじめた。[48] これが『東京朝日新聞』になると少々辛らつで、「見るからにフロック姿の小漢、顔色蒼白にして覇気昂らざるも、何となく一片決心の色が眉宇の間に表はれて居る」と形容している。[49]

質問時の藤沢（『東日』2月17日）

藤沢いわく、桂首相が責任をもって教科書改訂を約束した以上、私は「天壌無窮ノ皇運ヲ扶翼シ得タ」。桂首相は至誠国を思う方であると私は感じたのであり、決して買収されたのでもなんでもない。国家に尽くすべきだけのことは尽くしたのだから、もはや議員としてこの職をはずかしめる必要もなく、「此壇上ニ立派ナル戦死」＝議員辞職を行うという。この辺ぐらいまでは、藤沢の熱誠に打たれたためか、議場は水を打ったかのように静かだったという。[50]

そのうえで決別の辞として、教育勅語の一節を引用しつつ、ながながと講義のような演説をはじめる。[51]この辺になってくると支離滅裂で、長谷場議長になるべく簡潔に話すよう注意される始末であった。実際、演説の後半にはヤジが出はじめた。[52]

このとき議会を傍聴していた松本洪の回想[53]によると、藤沢は平生教育勅語を暗唱してとどこおることのないことを自慢にしていて、このときもテキストなしでかかったから、さっそく行きづまって教育勅語の四分の一も読めず、講義もシドロモドロになってしまったという。それを松本は、「才気に矜る平生の気分が、惜しい処で失敗した」と評している。

花井卓蔵（無所属）によると、開会前の藤沢は一面酒気を含んでいたという。また、彼から見ても、藤沢の演説で条理に聞こえたのは最初の五分間ばかりで、そのあとは矛盾撞着ないし「狂態」といってよいものであった。[54]同じく石橋為之助（無所属）も、藤沢が議院に出てきたとき、だいぶ酒気を帯びていたという。また、演説を南北朝問題だけでやめればよかったのに、教育勅語の講義をはじめ、さらに他の議員を攻撃しはじめたので、すべて同情を失ったと指摘する。[55]

さて、藤沢の議員辞職の採決となって、突然、「蒙古王」の異名で呼ばれた名物代議士の佐々木安五郎（照山、国民党所属）[56]が、関係の小松原文相が出席するまで採決を延期すべしとの動議を提出した（このときの佐々木のさまを、『東京朝日新聞』[57]は「哮り立て」と、『読売新聞』[58]は「仁王立となり……絶叫した」と、『東京日日新聞』[59]は「議長を連呼して……敦圉き立ち」と、それぞれ描写している）。藤沢の演説の途中で、桂首相・斎藤実海相・大浦兼武農商相が出席したが、小松原文相は最後まで議場に現れなかったのである。[60]そのための動議提出であったが、賛成少数のため否決された。

佐々木は教科書問題を政府弾劾に結びつけるため奔走しており、藤沢が質問書を撤回して議員辞職を決意したのは肩透かしであっただろう。佐々木は開会前、藤沢の側に来て、なぜ勝手に質問書を撤回したのかと、権幕荒くつめ寄ったという。[61]佐々木はなんとしてでも小松原文相の責任問題から桂内閣弾劾へとつなげたく、動議を提出したのである。[62]

2　質問演説への反応

議員たちの反応

桂内閣弾劾の糸口を失った国民党では、藤沢にもっとも同情的な服部綾雄であろうが、事情通の福本日南（誠）であろうが、藤沢を「狂者」「狂人」「半狂」と見る点で共通していた。[63]

桂園体制の一角を担う政友会においても見方は同様で、さらにより辛らつなニュアンスがただよう。原にいわせれば、「半狂人として見るの外なく、支離滅裂聞くに堪へざりし」ものであっ

「之れは不思議」（『二六』2月18日）

た。ただし原は一方で、大逆事件と重なったことによる桂内閣の慌てぶりを、「無政府党発生已来、殆んど笑ふに堪へざる事も多き様なり」と冷笑している(64)。『東京朝日新聞』によると、二月一六日の議会散会後、政友会幹部たちが幹部室に集まったところ、竹越与三郎は「愚人」と「狂人」との境界論をはじめ、野田卯太郎は藤沢が親父の南岳によって因果を含められたと推測したが、結局、「本気の沙汰にあらず」という結論で一致したという(65)。

また、政友会においては、そもそも南北朝正閏問題は宮中が治定したのちに学者が論議すべき性質のもので、議会で論議すべき性質のものではないという反応が多かったのである(66)。

メディアの反応

メディアは、藤沢の奇矯な行動をおもしろおかしく報道した。特に『二六新報』は、政府による圧迫説や桂首相による籠絡説など、詳細に報道している(67)。『東京朝日新聞』によると、藤沢は平素から酒癖が悪く、酒狂じみた行為があるところへ、桂から大歓迎ないしご馳走を受けて悪酔・乱酔したと描いている(68)。

さらに、『読売新聞』(69)になると、藤沢への期待が裏切られた反動のためか、藤沢の行動を詳細に報じたうえで、藤沢は政府によって買収されたのだとしている。それによると、次のような経緯だったという。

藤沢は一五日午後二時に新橋駅に着いたあと、桂首相からさしまわされた馬車に乗って貴族院大臣室で桂と会談、そのあと首相官邸に赴き歓談数刻にわたった。そして、薄暮のころ、首相用の人力車で牛込神楽坂の料理店「すゑよし」に乗りこんだ。

「すゑよし」では芸妓(五人の芸妓と二人の半玉)を呼んで、牧野謙次郎・松平康国・松本洪と酒を酌み交わしたが、芸妓などにも寿司・バナナ・オレンジなど、食べたいものはなんでも取ってやると気前よかった。料理から芸妓代いっさいで二二円二六銭だったのを、藤沢は三〇円出して皆取っておけといった。女中のおはる(二八歳)がそんなにいただいてはと釣りを返すと、釣りのうち五円を女中番に、七四銭を下足番に、さらに残りの二円をおはるに与えたが、その際おはるの肩をたたいて薄ら笑いをしながら、「人間は一度は死ぬんだよ。そんな金は要りませんや」といった。また、おはるの話によると、藤沢の外套のポケットには十円紙幣がどっさり入っていたという。

夜一一時ごろ「すゑよし」を出た藤沢は、なじみの芸妓である「いね蔦」のいなほ(一八歳)と小若を連れて、同家より約二町(約二〇〇メートル)離れた待合「もみぢ」に入った。藤沢はいなほに金一〇〇〇円と、二〇〇円の貯金通帳を与えたという。また、「もみぢ」の女中おしげ(四一歳)の証言によると、「私などは時計も銀側位の処ですから〔藤沢を〕格別豪い方とも思はずに居りましたが、金離の奇麗なのには驚きました」という。

以上えんえんと記事の内容を紹介してきたが、藤沢が政府によって買収されたことを強くにおわす記事になっている。

石川啄木の反応

当時東京朝日新聞社の一校正係であった、歌人の石川啄木は、大逆事件に強い衝撃を受け、友人で『スバル』同人の平出修が事件の担当弁護士だったことから、裁判書類を密読・筆写させてもらうほどだった(70)。大逆事件の死刑判決が出た翌日の『国民新聞』の社説を床のなかで読んだ啄木は、思わず「日本は駄目だ」と叫び、涙がこぼれた。「次の時代」というものについていっさいの思索を禁じようとする「帯剣政治家の圧制」をこのままにしておくことはできないと、啄木には思われた(71)。「帯剣政治家」とは指揮刀をつるした軍人政治家を意味し、この場合は桂を指しているのだろう。つまり啄木は、「帯剣政治家の圧制」をくつがえすためにも、藤沢の質問が桂内閣弾劾にいたることを期待していたと推測される。

慢性肋膜炎のため入院中の啄木は、二月一七日の日記に、「新聞の記事は政府の憎むべき迫害の殆ど何処まで及ぶかを想像するに難からしめた」として、「予の精神は不愉快に昂奮した。そのためか少し発熱した」と記した(72)。そして、次のように詠んだ。

藤沢といふ代議士を

弟のごとく思ひて
泣いてやりしかな(73)

啄木は、自分より一二歳年長の藤沢を、弟のように思って泣いたのである。

早稲田漢学者グループの反応

松平たちは、質問演説日前日の二月一五日早朝より、藤沢の東京到着を待ったが、いっこうに現れなかった。それが、午後七時ごろになって藤沢から来いというので、迎えの人力車に乗って着いた先が、神楽坂の「すゐよし（末吉）」であった。座敷に入ると藤沢は芸者五人を控えての大騒ぎ中で、「ヤツタゾ」「己ハ神ダヨ」「大神宮と熱田の神とはちゃんと御打合せがある」「明日は死ぬるぞ」「無窮の皇運を扶翼す」「桂と相乗」「士以て弘毅ならざるべからず」「何事の在しますかは知らねども」など、脈絡もないことを口走って、手もつけられないありさまだったという(74)。

同じく早稲田漢学者グループの牧野の証言によると、藤沢は一五日の帰京後、桂首相ら二、三の大臣から「君は未だ青年だ。将来有為の士だ」などとおだてられ、にわかに天下の大宰相と知己になったかのような心持ちとなった。そして、同日夜、牧野が呼ばれて料理店「すゐよし」に行ってみると、藤沢は自分が神様になったかのように、「己れは是れから〔天の〕岩戸の舞をやるのだ」といったので、憤慨して帰宅してしまったという(75)。

藤沢の親友の松本洪も、迎えの人力車に乗って行ってみると、正面床の間の前に藤沢が、右側に牧野・松平が座っており、左側には松本の膳が用意してあった。やがて、牧野・松平は起って玄関に出る際、松本を呼んだ。牧野は「孺子〔若僧。人をばかにして呼ぶことば〕我が事を誤る」といって悵然〔がっかりして、うらめしげなさま〕としており、松平は「荷が重過ぎた、気の毒な事をした、頭が狂つた」といい、これから善後策を講ぜねばならぬ、ここの後始末は頼むと言いのこして、両氏は人力車を呼んで帰っていった。松本は待合「もみぢ」にも同行したが、そこでも藤沢はあいかわらず、「神田要」と書いて今日からこの名前を用いるのだといっていたという。「神田要」は「神だよ」の意である。[76]

その後の様子については、『万朝報』によると、藤沢の狂態に驚いた親友（松平のことか）は人力車を駆って、午後一一時過ぎに病床の犬養に面会、藤沢を精神病院に入れ、質問は相当の人物に委嘱するよう懇談した。犬養も、さすがに前者にかんしては「一国の選良」にたいする措置として不可と退けたが、後者の件は福本日南に諮るようにとの返答であった。この「親友」は牧野と同道のうえ、深更に日南を訪い、種々協議を行った。そして、一六日早朝藤沢を訪ねて、質問演説中止を勧告したところ、藤沢は聞かないどころか、「志既に決せり。身を殺して仁を為すは、唯だ此の時に在り」と激昂したため、目的を達することはできなかったという。[77]

一方、松本が「もみぢ」の女将に藤沢を早く寝かすよう頼んでから、牧野邸を訪ねてみると、「同志の諸士」が集まって、けんけんがくがくの議論をしていたという。すなわち、甲いわく、明日の議事日程には藤沢氏の演説と出ておるが、あれで演説されてはたまらぬ。乙いわく、日南にでも代わってもらうがよい。丙いわく、それは本人〔藤沢〕が承知すまい。丁いわく、本人に睡眠薬を与えて、ぐっすり寝かしてしまうがよい。戊いわく、薬を飲ませては警察が面倒だ、どこかに連れ出して監禁するがよい。己いわく、それは法律に触れる、我ら一同は一網打尽にされる、と。このように、堂々めぐりのすえ、質問日当日をむかえたという。(78)

藤沢の弾劾質問失敗から政府の責任追及へ

メディアは藤沢の奇矯な行動を大々的に報じたが、それは藤沢にそのような行動をとらせた政府の「干渉」にたいする責任追及と表裏の関係にあった。貴族院内の親政友会勢力である華族談話会の秋元興朝は、もしも政府の干渉が事実ならば「立憲国の議会に於て最も面白からざる一現象」であると、苦言を呈した。(79) また、政友会の「某領袖」も、種々の手段を講じて藤沢の質問をもみ消した桂首相の「狂態」を非難するとともに、政友会は目下桂内閣と提携しているため、国民党が桂首相の責任追及を行うことを期待する談話を行った。(80)

このように、藤沢の質問が桂内閣弾劾につながることを期待する政治家やメディアは、藤沢の行動に失望し、かつそれを強いた政府の「圧迫」を非難した。『万朝報』などはまさに「正閏以外の問題」と題して、当局者が藤沢の質問権を蹂躙して国民の自由を拘制することを、人権・人道問題だと激しく非難している。(81) 南北朝正閏問題の特徴は、藤沢の議会質問の握りつぶしがかえって世論の沸騰を招き、広汎な政府批判を誘発した点にあったが、その際の政府批判の論拠は桂内閣の非立憲性や不道徳性によっていたのである。(82)

しかしながら、桂内閣、特に文部省の立場からすると、メディアの求める措置を即時断行する

「汚されては大変だ」(『二六』2月21日)

ことは困難であった。教科書の改訂を約束するにしても、実際の改訂には教科用図書調査委員会の審議を経る必要があった。よって、文部省としても、改訂の程度や時期を明言することはできない。

このような政府の態度は、南朝正統論を主張する『万朝報』などからは不得要領だと非難される。[83]『万朝報』は、現教科書委員二七名を引責辞職させて新委員を任命したうえで、教科書改訂を断行する必要があるにもかかわらず、当局がそれを断行しようとしないのも、実は態度をあいまいにしつつ改訂を避ける方針を取っているからではないかとかんぐっている。つまり、『万朝報』からすれば、藤沢は「犬死」＝無意味な議員辞職をしたことになる。[84]

このようにメディアは、今度は政府が教科書改訂を即時断行しないことをもって攻撃しはじめた。たとえば『読売新聞』は、「逆賊」尊氏をあがめて「忠烈」楠公と伍させるような政府の措置は幸徳一派の非望と同様の危険性があり、国体を破壊しかねないことをあらためて指摘したうえで、教科書の即時改訂ないし廃棄を強く求めている。[85]

そのため文部省は、とりあえずできるところから着手したものと思われる。小松原文相は二月二一日付けの松村〔茂助〕普通学務局長名の通牒をもって、昨年の講習会における喜田の講演は同氏一個の「私見」なので、事誼の本末取捨を誤らないよう各講習員等へ移牒することを各地方長官に命じた[86]。しかし、これらの措置は、反対派からすれば、小松原文相が単に自分の責任を転嫁するためのものと思われた[87]。

加藤弘之の独自スタンス

本書第七章で重要な動きをする加藤弘之は、史料上この辺の時期から現れてくるので、あらかじめみておきたい。

加藤弘之[88]は一八三六（天保七）年、但馬国出石城下に、出石藩士の長子として生まれた。藩校弘道館では朱子学・徂徠学・仁斎学を学び、一八五二（嘉永五）年に江戸へ出てからは佐久間象山などの塾で蘭学を学んだ。一八六〇（万延元）年には蕃書調所教授手伝となり、また明治新政府出仕後は「官僚学者」としての道を歩んでいった[89]。

加藤が一八八〇年に行った講演では、直接南北朝の正閏については語らないものの、そもそも後醍醐天皇は中興の祖たる器ではなく、天下の人心が朝廷から離れたために、ついに足利尊氏に権を奪われたというように、建武新政を厳しく批判していた[90]。

南北朝正閏問題発生のとき、加藤は枢密顧問官かつ教科用図書調査委員長であった。その加藤が、二月一九日付けで、元老で枢密院議長の山県有朋に書簡を送っている。加藤は、あくまでも『大日本史』は勅撰ではなく水戸藩の私撰であり、また朝廷がいまだ正閏を決定しないのに臣子がかれこれ議論すべきものではなく、歴史上には両朝並立を事実そのままにあげておくのが当然との意見であった。加藤は自身の見解を新聞または雑誌で公表しようとしたのだが、枢密顧問官

の身としてこのことを行う可否を山県枢密院議長まで尋ねたのである。(91)

それにたいし山県は、『山県伝』によれば、「南北朝正閏問題は、枢密顧問官として、公然社会に向て論議するは、然るべからず」と回答、加藤に猛省を促したという。(92) 山県からすれば、メディア上で皇室関係の議論がされること自体許しがたいのに、ましてや枢密顧問官がそれに参入することは論外だと受けとられたのであろう。

註

（1）同記事では、喜田が二月一六日の記事にたいして、「吾輩は神器を物品だとは言はず。是は読売子の誣言也」と反論したと報じている。

（2）「問題更に拡大せむ（南北両朝問題）」『読売新聞』二月二二日。

（3）「喜田博士の辞表（問題猶ほ拡大せむ）」『読売新聞』二月二三日。

（4）「喜田回顧」一三五～一三六頁。

（5）同右一三七頁。

（6）同右一三七～一三八頁。

（7）ちなみに、この書簡からは、イプセンの「民衆の敵」の日本における受容のあり方がうかがわれる。また、消印が本郷であることからいって、東京帝国大学の学生ないし第一高等学校の生徒からのものかもしれない。

（8）『内田回顧』一頁。

（9）瀧川政次郎「誰も知らない幸徳事件の裏面」『特集人物往来』一九五六年一二月号五八、六二頁。秋水のいう北朝の天皇が南朝の天子を殺して三種の神器を奪い取ったという事件は、一四五七（長禄元）年の「長禄の変」（赤松氏の遺臣たちが後南朝の行宮を襲い、南朝の皇胤である自天王・忠義王を討って、後南朝に奪回されていた神璽（八尺瓊勾玉）を持ち去った事件）のことであり、秋水はかつて和歌山県新宮のキリスト教会に身を寄せたときに土地の人々から聞き知っており、彼の胸に秘められていた北朝にたいする反感が、たまたま鶴裁判長の恫喝にあって爆発、「あくたい」になったと瀧川は推測する。
(10)「被告人宮下太吉第廿一回調書」大逆事件の真実をあきらかにする会編『大逆事件訴訟記録・証拠物写』八巻(近代日本史料研究会、一九六〇年)五七頁。
(11)久米邦武の早稲田大学における講義録である『日本古代史』を指すと思われる。この本では、『日本書紀』における神武天皇の橿原経始の詔令もまったく「歴史家の構造」であると断定しており、森近の紀年不信が久米の著書によるものであることは確かであろう。
(12)「喜田回顧」一三六頁。また、喜田の手帳に竹越与三郎『二千五百年史』の文章が書かれていたとは、同書が啓蒙史学の立場から名分論的な正閏論を否定するものであったことから、喜田の南北朝並立論のベースには啓蒙史学の歴史観が存在しているとかんぐられたということであろう(西田毅『竹越与三郎——世界的見地より経綸を案出す』ミネルヴァ書房、二〇一五年、一二一～一三九頁)。
(13)「聖断を仰ぐ外無し　井上頼圀博士談　皇系譜新撰は虚伝」『東京朝日新聞』二月一七日。史学協会編『南北朝正閏論』(修文閣、一九一一年、以下『正閏論』と略記)八一～八三頁。『南北朝論』九八～一〇〇頁。ちなみに、記事ではこのあと「吉良上野介に仕ふる者は、吉良家に忠ならざる可らざるやうなものではあるまいか」と発言したことになっているが、のちの記事(「井上頼圀博士談に就き」『東京朝日新聞』二月二〇日)で記者の疎漏だとして、訂正抹消されている。
(14)「続神皇正統記の作者に就て　文学博士井上頼圀君談」『太陽』一七巻五号(四月一日)一三〇～一三三頁。
(15)「林田翰長談　藤沢氏辞職問題」『東京日日新聞』二月一八日。
(16)「松平手記」三四六～三四七頁。
(17)「三上由来」一二七頁。
(18)「喜田回顧」一四二頁。
(19)「松平手記」三四七～三四九頁。
(20)同右三四九頁。
(21)藤沢の二月一六日の衆議院での演説中にも、小松原文相の発言にかんして同様のやりとりがみられる(『続・現代史資料』二七九頁)。
(22)「松平手記」三四九～三五〇頁。小松原文相が公事の都合があって出席できなかったため、松村茂助(普通学務局長）と渡部董之助（大臣官房図書課長）が代理として立ちあうこととなった。

(23)「松平手記」三五〇〜三五五頁。

(24)ちなみに、牧野たちは、南朝正統こそ天皇の意にかなうものと思いこんでいた。牧野は、明治天皇が大和絵の大家山名貫義に後醍醐天皇の宸影を模写させて、それを常に祀っているという情報を横瀬文彦から得たという（牧野謙次郎「先朝遺聞」『儒教時言講経新義』明治書院、一九二九年、四八六〜四八七頁）。

(25)「三上喜田牧野松平南北正閏問答」『日本及日本人』五五四号（三月一五日）二一二〜二一六頁。

(26)藤沢の親友で同志の松本洪も、教科書改訂は北朝正統論の考えから行われたと思いこんでいた（松本洪「鶴鳴録」『泊園書院』一五六〜一六五頁、以下「松本回想録」と略記）。また、南北朝正閏問題のきっかけを作った峰間信吉も、三上や喜田は北朝正統論者で、「維新後に於いても、猶南朝を以て正統なりと信ずる者多きは、誠に悲しむべき現象なり」と発言したとしている（前掲峰間「南北朝正閏問題顛末」一五頁）。

(27)「三上由来」一二八頁。

(28)「三上博士の談」『万朝報』二月一八日。『南北朝論』一四四〜一四五頁。

(29)後述の衆議院における演説でも藤沢は、三上や喜田が「明治維新以後、南朝ヲ正統ト認ムルノヲ悲ムノデアル」と断言したとしている（『続・現代史資料』二七九頁）が、これは「維新後南朝の諸臣らを表彰せられたるはもとより当然なり。ただ世人尊氏らを悪むの余、叨りに北朝の天位を軽視する傾きあるは、北朝の天皇に対しお気の毒に思う」という意味の三上の発言を聞きまちがえたものだと喜田はいう（「喜田回顧」一四三頁）。

(30)「松平手記」三五六頁。ちなみに、それを受けて、三塩は桂首相（「槌頭宰相」）を、神勅をたわめた道鏡に擬している（「三塩起源」一九八頁）。

(31)卜部は藤沢や後述の佐々木安五郎と同じく、一九〇八年の第一〇回総選挙で初当選した一年生議員で、ともに又新会に所属していた。ただし、一九一〇年の又新会解党時に、藤沢は無所属を選択したのにたいして、卜部と佐々木は国民党結党に参加した（前掲櫻井『大正政治史の出発』六六〜六七頁）。

(32)「藤沢前代議士の行衛　知友政友皆な憂慮に一夜を明す」『国民新聞』二月一八日。

(33)詩は、「執酒任他稷嗣君　／　猥将礼楽付虚文　／　眼中無学非揚塁　／　只有魯連能解紛」というものであった。牧野によると、この詩は大学の学者をあざ笑ったものだという（「藤沢前代議士の行衛」『読売新聞』二月一八日）。

(34)三塩によると、藤沢が上京の途上、植野徳太郎中佐（騎兵第三連隊長、南岳の門人で、かつ寺内正毅陸相の副官をつとめたこともあった）とともに名古屋の熱田神宮に参詣したが、桂や寺内の内命を受けた植野からはしきりに、上京したらすぐに桂・寺内らに会見するよう勧められたという（「三塩起源」一九九頁）。
(35)『原日記』二月一七日条。
(36)元造の甥の桓夫によると、元造はものすごい熱血漢かつ愛国者であったが、熱血漢であるだけに単純で、桂から説得されて、のちのちまで「桂閣下は憂国の人である」といっていたという（藤沢桓夫「南北正閏問題に火をつけた黄鵠伯父」『泊園書院』一三七〜一四一頁）。
(37)『小松原事略』八七頁。
(38)「藤沢氏の辞職真相（圧迫乎将懇請乎）」『読売新聞』二月一七日。また、『東京日日新聞』は藤沢の議員辞職理由を、多数代議士の賛成を求めて質問書を提出しながらそれを撤回した以上、政友にたいして徳義上辞職するのを穏健と認めたためと報じている（「藤沢氏辞職事情」『東京日日新聞』二月一七日）。
(39)『小松原事略』八七頁。
(40)「藤沢氏の辞職真相（圧迫乎将懇請乎）」『読売新聞』二月一七日。
(41)「藤沢氏辞職始末　林田翰長談」『東京朝日新聞』二月一八日。「林田翰長談　藤沢氏辞職問題」『東京日日新聞』二月一八日。
(42)「藤沢前代議士の行衛　知友政友皆な憂慮に一夜を明す」『国民新聞』二月一八日。
(43)「演説前の藤沢氏　某昵懇代議士談」『東京朝日新聞』二月一八日。
(44)「藤沢氏の発狂説　酒乱と覚しき狂態」『東京朝日新聞』二月二七日。
(45)「議院雑観（十六日）」『読売新聞』二月一七日。
(46)「昨日の衆議院」『東京朝日新聞』二月一七日。
(47)「官報号外」二月一七日『帝国議会衆議院議事速記録』二五巻（東京大学出版会、一九八一年）一七五頁。
(48)「衆議院雑観（十六日）」『東京日日新聞』二月一七日。
(49)「下院雑観（十六日）」『東京朝日新聞』二月一八日。
(50)『続・現代史資料』二七八〜二八三頁。「衆議院雑観（十六日）」『東京日日新聞』二月一七日。この事件が終わって一〇日以上すぎた二月二八日、『東京朝日新聞』の記者が、伊勢神宮参拝に向かう藤沢を山田に訪ねたところ、「今は名誉の戦死をしたから、何事も云はぬ」と語り、また記者から、もしも今回のようなことが再び起きたらどうするかを尋ねられたところ、「其時は楠公のやうに、七生して君国に尽す」と語ったという（「藤沢氏の参宮　怪しき女と同伴」『東京朝日新聞』三月二日）。

(51)『二六新報』はずばり、「教育勅語の講義を初めて」と形容している（「辞職理由不明」『二六新報』二月一七日）。

(52)『続・現代史資料』二七八～二八三頁。「衆議院雑観（十六日）」『東京日日新聞』二月一七日。『読売新聞』いわく、藤沢の演説は辞職理由がとんと要領を得ないので、「一同狐に摘まれた形」だという（「議院雑観（十六日）」『読売新聞』二月一七日）。

(53)「松本回想録」一五六～一六五頁。松本は藤沢の親友で、このとき三塩熊太ら同志三～四人と議会を傍聴していた。

(54)「愍然なる藤沢氏　花井卓蔵氏談」『東京朝日新聞』二月一八日。花井は、藤沢が東京に遊学し、山田奠南（喜之助）のもとで学んだとき以来の親友であり、又新会が解党した際に無所属となった点でも藤沢と行を同じくした人物であった。

(55)「藤沢前代議士の行衛　知友政友皆な憂慮に一夜を明す」『国民新聞』二月一八日。石橋も藤沢・花井と同じく、又新会解党時に無所属を選択した一人であった。

(56)佐々木安五郎（照山）は、一九〇一年、モンゴルへの探検行を挙行した。彼はモンゴルに到着するや、日本から持参した直垂に烏帽子を戴き、沓を履き杓を携えるという姿でモンゴル宮廷を訪問、なぜかモンゴルの王族たちの信頼を勝ちとったという。トルホト王を伴って帰国した佐々木は「蒙古王」の異名で呼ばれ、当時の日本人から喝さいを贈られた。そして佐々木はモンゴル探検の成果をまとめて、一九一〇年に『二千九百年前西域探検日誌（上）』を刊行したが、これは西域に住むモンゴル系遊牧民の一派であるタングート族は、古代メソポタミア文明を築いたカルディア人の子孫であるとともに、日本人と同種族であるため、タングート人が天狗として民間伝承にその名をとどめている。また、カルディア人の文字が今に伝わっているのが日本のかな文字であり、漢字はかな文字から派生したと主張するシロモノであった（長山靖生『偽史冒険世界――カルト本の百年』筑摩書房、一九九六年、一一九～一二一、一六三～一六四頁）。

モンゴル探検で人気を博した佐々木は、一九〇八年の第一〇回総選挙で当選、又新会に所属した。南北朝正閏論争時に一年生議員という点で、藤沢や前述の卜部喜太郎と共通していた。ただし、一九一〇年の又新会解党時に、藤沢が無所属を選択したのにたいして、佐々木と卜部は国民党への参加を選択した（前掲櫻井『大正政治史の出発』六六〜六七頁）。

(57)「昨日の衆議院」『東京朝日新聞』二月一七日。

(58)「衆議院議事（十六日）」『読売新聞』二月一七日。

(59)「衆議院雑観（十六日）」『東京日日新聞』二月一七日。

(60)「第廿七回帝国議会　衆議院（二月十六日）」『国民新聞』二月一七日。「登壇前の十分間　佐々木蒙古の憤激」『東京朝日新聞』二月一八日。

(61)「下院雑観（十六日）」『東京朝日新聞』二月一八日。

(62)三塩は二月一二日に佐々木安五郎を訪ねて、藤沢の質問演説のあとに続けて、尊氏・直義以下北朝の功臣の銅像を二重橋外の「楠公」の銅像と対立させて建設しようとする者がいたら、当路者はこれをどうするのかといった、「奇兵」たる質問をするよう勧めたという（「三塩起源」一九八頁）。ただし、もともと歴史に興味があり、かつ野党国民党に所属して桂内閣弾劾を考えていた佐々木からすると、三塩にそそのかされなくても動議を提出したであろう。

(63)「辞職院内評　狂者二組の出現」『東京朝日新聞』二月一七日。

(64)『原日記』二月一七日条。

(65)「政友会と藤沢問題」『東京朝日新聞』二月一八日。

(66)『東京日日新聞』によると、政友会有志者の一部は「教科書に両朝併立主義を執りしは別問題として、其の正閏の区別の如きは宮中の御治定に基くものなれば、其の決定を俟（ま）ちて後ち学者歴史家の論議すべきことに係（かか）り、今日政論家、殊に議会の問題として論議すべき性質のものに非ず」という反応だった（「藤沢氏と各派」『東京日日新聞』二月一七日）というが、これは原と同意見であろう。

(67)「辞職理由不明」『二六新報』二月一七日。

(68)「辞職せる代議士藤沢元造の行動　政府の毒酒に酔ひ　狂乱の一夜を送る」『東京朝日新聞』二月一八日。『大阪毎日新聞』によれば、父の南岳も元造を「中々の好酒家」とみており、教科書問題のような大問題を議するにあたって酒気を帯びるようなことがあれば、「酔中の暴論」として人の指弾を受けるので、素志を遂げるまで断じて酒を飲むなかれと注意する書簡を送ったが、効果はなかったという（「藤沢代議士の辞職理由」『大阪毎日新聞』二月一七日、『泊園書院』一五五～一五六頁）。議員辞職後、熱海へ向かった藤沢に付き添った中谷徳太郎は、藤沢のことをはっきり「酒乱」だと述べている（「藤沢氏の発狂説　酒乱と覚しき狂態」『東京朝日新聞』二月二七日）。

(69)「藤沢前代議士の行衛」『読売新聞』二月一八日。『読売新聞』の同日には「辞職問題真相（醜事実の有無如何）」という記事もあり、細部に異同があるが、本文ではより詳細な前者の記事のほうを採用した。

(70) 岩城之徳著・近藤典彦編『石川啄木と幸徳秋水事件』（吉川弘文館、一九九六年）五〇～七三頁。

(71) 一月二二日付平出修宛石川啄木書簡、金田一京介ほか編『啄木全集』七巻（筑摩書房、一九六八年）三三〇～三三二頁。同右九六頁。

(72)「石川啄木日記」二月一七日条、『泊園書院』一六六頁。

(73)『泊園書院』一六五頁。この歌は『創作』一九一一年三月号に「寝台の上より」と題して発表され、のち啄木の第二歌集『悲しき玩具』（一九一二年）に収録されることになる。

(74)「松平手記」三五八～三五九頁。

(75)「藤沢前代議士の行衛」『読売新聞』二月一八日。同じく、『国民新聞』の記事によると、「藤沢氏の唯一の親友なる某大学漢文学講師の某氏」（おそらく牧野のことか）は、「すゑよし」で一盃傾けていると、藤沢は「自分は最う天の岩戸へ隠れて、日本を去るのだ」と盛んに気焔を吐いたという（「藤沢前代議士の行衛　知友政友皆な憂慮に一夜を明す」『国民新聞』二月一八日）。

(76)「松本回想録」一五六～一六五頁。この回想録は一九六四年という南北朝正閏問題から五〇年以上ものちのものなので、ところどころ記憶ちがいが散見される。そのため、松本自身が見聞したことを中心に、事実関係の確実そうな個所のみを使用した。

(77)「辞職前の藤沢氏」『万朝報』二月一八日。松平の手記ないし三塩の文章によると、犬養のもとを訪れたのは、牧野から派遣された三塩になっている（「松平手記」三五九～三六二頁。「三塩起源」二〇〇頁）。

(78)「松本回想録」一五六～一六五頁。ちなみに、三塩の文章によると、藤沢を精神病院に送った場合、政府は不法監禁などの罪で我々同志を一網打尽にしかねないと指摘したのは、三塩本人となっている（「三塩起源」二〇〇～二〇一頁）。

(79)「立憲国の不面目（秋元子爵談）」『読売新聞』二月一八日。
(80)「孰れか狂態（政友会某領袖談）」『東京朝日新聞』二月二〇日。
(81)「正閏以外の問題」『万朝報』二月二一日。『正閏論』二〇～二三頁。
(82)前掲廣木『アカデミズム史学の危機と復権』一四二～一四三頁。
(83)「改訂は何日か」『万朝報』二月一八日。
(84)「藤沢氏ハ犬死か」『万朝報』二月二〇日。
(85)「歴史教科書の改訂如何」『読売新聞』二月二二日。
(86)「正閏問題通牒　文部省より地方庁へ　喜田博士個人の私見」『東京朝日新聞』二月二三日。「喜田博士の辞表（問題猶ほ拡大せむ）」『読売新聞』二月二三日。
(87)小久保喜七の回想、鷲尾義直編『犬養木堂伝』上巻（原書房、一九六八年、以下『犬養伝』と略記）八五〇頁。
(88)加藤については、田畑忍『加藤弘之』（吉川弘文館、一九五九年）を参照。
(89)田頭慎一郎『加藤弘之と明治国家――ある「官僚学者」の生涯と思想』（学習院大学、二〇一三年）。
(90)田中彰・宮地正人校注『日本近代思想大系一三　歴史認識』（岩波書店、一九九一年）二二一頁。同右二〇七～二一六頁。
(91)二月一九日付山県有朋宛加藤弘之書簡、『山県文書』二巻一三～一五頁。
(92)徳富猪一郎編『公爵山県有朋伝』（山県有朋公記念事業会、一九三三年、〈復刻〉原書房、一九六九年、以下『山県伝』と略記）下巻七七一頁。

第四章

大日本国体擁護団と政府弾劾決議案

1　大日本国体擁護団

いきり立つ水戸学関係者

南北朝正閏問題において、地方でいちばんいきり立ったのは茨城県の水戸学関係者であり、その中心には菊池謙二郎がいた。

菊池謙二郎[1]は、一八六七（慶応三）年、水戸藩士の次男として生まれる。上等小学校卒業後、栗田寛(ひろし)の輔仁(ほじん)学舎に学び、早くから水戸学の影響を受け、特に藤田東湖(とうこ)に傾倒した。後年の著作『藤田東湖伝』の序文冒頭には、「幼時誦(しょう)せし所の詩、十の五、六は東湖の作に係(かか)るもの、冥々(めいめい)の裡之(うちこれ)が感化を受けしこと蓋(けだ)し師に劣らず」とある。

菊池は帝国大学文科大学に新設された国史科の第一回卒業生の一人で、喜田貞吉の四年先輩にあたる。しかし、二人の歩みはかなり対照的である。菊池のほうは教育畑を歩んで、一九〇八（明治四一）年に母校の水戸中学校長事務取扱となった。菊池は大学予備門時代の恩師杉浦重剛(じゅうごう)にならって「生徒心得」を制定、学校に道義的気概がみなぎるようにするとともに、学外では水戸学者として活動した。

水戸は水戸藩『大日本史』の関係で、南北朝正閏問題や「国民教育」の問題にたいし敏感に反応する土地柄であった。[2] 実際、『東京朝日新聞』の報道では、菊池が喜田にたいする一大駁論を著して公表するつもりで、ほかにも大日本史編纂総裁であった故栗田寛の子勤や、在京の斎藤隆三・市村瓚次郎らが意見を発表し、代議士への遊説や一大講演会の開催をも企図していたという。[3]

また、菊池が会長をつとめる水戸市教育会は、二月一八日、弘道館内に議員会を開いて、教師用国定教科書から「国民教育上不穏当」と思われる個所の削除を求める建議書を、小松原英太郎文相へ提出することを、満場一致で決定した。[4] 建議書に添付された理由書では、南北朝正閏にかんする国民一般の思想はすでに一定しているにもかかわらず、一片の命令をもって「国民の倫理思想」を改変しようとすることの不当性をあげていた。[5]

二月二二日の『読売新聞』が報じるところによると、水戸派にとって当該問題は「国民教育」上捨ておきがたい大事件だとして、在京有志の斎藤隆三・飯村丈三郎・高橋義雄（箒庵）・石川〔河〕幹明らが水戸に急行、同志と会合して県民一致をもってこれにあたることとした。坂仲輔（茨城県知事）による慰諭にたいしても、あくまで公文による証言を求めるといきまいた。[6]

さらに、二月二二日夜には、茨城県出身の在京新聞・雑誌記者二〇余名と県選出代議士の大津淳一郎・根本正が神田青柳亭で会合、①当該教科書の廃棄と改訂本の編纂、②当局者の責任追及と教科書調査委員・文部編修の組織改善を決議した。[7]

大日本国体擁護団の結成

藤沢元造の弾劾質問が不発に終わったことを受けて、内田周平らは作戦を練りなおさなければならなかった。内田は、藤沢の「意気地なしのために、かようになりました」と落胆しながらも、すぐに「吾々は益々やらう」と思いなおして、郷里の浜松にいる兄の正を呼びよせた。そして、正は長男の旭を連れて上京した。[8] 彼らは「〔藤沢元造〕氏の態度斯くの如く豹変したる以上は、之を広く天下の公論に問ふの他なし」として、団体組織へと動き出した。[9]「大日本国体擁護団」の結成である。

ただし、内田を運動に引きずりこんだ牧野謙次郎と松平康国は、「同志の助を借り又同志を助るは勿論なれども、行動は独立の態度を取るの素志なり」として、事実上手を引いた。[10] おそらく、政党に利用されることを極端に嫌う牧野・松平からすれば、すでにそのような段階になりつつあると認識したということであろう。よって、大日本国体擁護団は、後の経緯からみると、内田周平・正・旭と、三塩熊太・後藤秀穂が中心となる。三塩などは、一藤沢を失っても痛痒を感ぜず、逆に同志が公然の運動に着手する幕が開かれたと、あくまで強気だった。[11]

周平から上京を呼びかけられた兄の正は、少壮勤王論を唱え、維新の際には東海道を下る官軍に参加し、箱館戦争まで従軍した人物であった。家業である医業のほか哲学を好み、『儒家哲学本義』という著作もある。[12]

正は、のち『正閏断案国体之擁護』に寄せた「非南朝正統論七博士の説を難す」[13]で、主に北朝正統論者の浮田和民や吉田東伍を批判する。ただし、正はもちろん南朝正統論者なのであるが、その際「科学」を持ち出してくることに注意が必要である。すなわち、広く収集した史料を「科学的に精選」して取捨を正しくし、当時の事情を精査する必要を説く。そのうえで正は、「国体の本義」をもって有効や無効を判断すべきだとして、国体を持ち出すのである。

　正の長男旭は、一八七七年、静岡県浜松に生まれた。一九〇二年に東京帝国大学文科大学哲学科を卒業後、職を転々とし、南北朝正閏問題のときは農商務省鉱山局嘱託英仏翻訳係であった。[14]

　旭は、浮田の天意人心説（天意人心の帰するところを正統とする）の背後には社会的ダーウィニズムの適者生存的発想があると非難し、それに対置された道義的解釈として自分たちの南朝正統論を位置づける。旭は、民心をもっともよく代表するのは普通選挙であるから、天意人心説の行きつく先として「帝王普通選挙」を想定し、それへの恐怖から浮田を批判するのである。[15]

　「当時〔大日本国体〕擁護団の急先鋒」として、かなりひどく喜田に当たった[16]という後藤秀穂（粛堂）は、一八六六（慶応二）年、遠江国比木の桜井家に生まれた。一時、相良銀行の分行長となったが、退職して史学の道を志す。南北朝正閏問題勃発の際はわざわざ上京して、南朝正統論の立場から活動した。[17]東洋史家の稲葉岩吉によると、後藤が突然やってきて、君は現に湊川碑〔徳川光圀によって建てられた、「忠臣」楠木正成の墓碑〕の執筆者たる朱舜水の文集を校刊しつつあるではないか、「南北朝問題は、今や国民上下の血管を沸騰せしめたり、君何ぞ黙々たる」と、行動を迫ったという。[18]

　結局、大日本国体擁護団のメンバーは、のち三月一四日の「正論勝利」記念と団体解散の宴会

6月11日時点のメンバー（内田周平『南北朝正閏問題の回顧』非売品、谷門精舎、1938年）
後列左から内田旭・小林正策・内田周平・姉崎正治・牧野謙次郎・後藤秀穂・三塩熊太、
前列左から内田正・副島義一・松平頼寿・徳川達孝・大木遠吉・犬養毅・松平康国・黒坂勝美。

時点で、相原熊太郎・姉崎正治・池田謙虚・犬養毅・内田旭・内田周平・内田正・大木遠吉・木山熊次郎（黙山）・小林正策・黒板勝美・後藤秀穂・副島義一・徳川達孝・牧野謙次郎・松平康国・松山敬夫・三塩熊太の一八名となる。[19]ただし、前述したように、あくまでも中心は内田周平・正・旭と、三塩・後藤である。

大日本国体擁護団の論理

旭と三塩連名の主唱で「大日本国体擁護団」を設立することとなり、藤沢が議員を辞職した二月一六日に創立仮事務所を牛込南町の内田周平宅に置き、一九日には新橋烏森の新橋倶楽部に事務所を設けた。また、設立主意書では、すみやかに大義名分の明確な国論を集め、文部省編纂の『小学日本歴史』を廃棄させ、人心の帰趨を定めるよう求めた。[20]

彼らからすると、「事功学者」（事功を収めるのに汲々としている学者）＝「異端学者」（好んで異端を吐いて、おのれの博識をひけらかす学者）＝「抹殺歴史家」（『太平記』に出てくる忠臣は実在しないとして、抹殺しまくる歴史家）という等式が成り立ち、かつその「魁」が喜田であった。そして彼らは、喜田などの非南朝論者のなかには、崇峻天皇を弑逆した蘇我馬子を弁護し、道鏡が皇位につくのを阻止した和気清麻呂の事蹟を否定し、足利尊氏・井伊直弼をかばい、水戸光圀を軽蔑する者がいると非難したように、南北朝時代以外についても世道人心を益さない「異説」「新説」を吐く点で、ゆるしがたい存在であった。[21]

逆に、みずからについては、たとえば三塩などは、「帝都の真中に南朝正義の錦旗を翻し、尊氏党の本営に肉薄して、彼の順逆顛倒の反古学者や俗吏連を、満天下の同志と共に旗鼓堂々と征討する」現代における南朝の忠臣に擬していた。[22]

このような自己イメージは大木にもみられ、みずからを「草莽」のなかから出てきた「国家を憂ふるの士」に仮託していた。[23] 大木の論法にみられるのは、〈政府vs草莽〉＝〈権門vs微力少数〉＝〈足利尊氏vs楠木正成〉という構図である。[24] 桂太郎内閣が「正義」よりも「腕力」を上に置く点で足利尊氏に重ねられるのにたいして、自分たちは「微力少数」で「草莽」ながら、正義を貫徹するために死をも恐れずに政府と対決する楠木正成ら忠臣にあたるといったイメージであろう。

このように、世論に後押しされた「草莽」勢力が、政府―文部省―歴史学といった「権門」を下から突き上げるという構図が広く共有されていたのであり、彼らにとって南北朝正閏問題は

『太平記』の再演であったと廣木はいう。[25]

しかしながら、「臣民」が南北両朝の正統をあれこれ議論すること自体、不敬とは考えられなかったのであろうか。実は、それを正当化する論理として「諫争」があった。事実上手を引きつつも、引き続き運動を進めていたメンバーとは思想を共有していたと思われる松平は、「諫争も尚且つ臣子の道たり。……皇統は国家的にして皇室の御内事に非ず。国体の神聖を擁護するの精神より之が正閏を論ずるに於て、何の不可か之れあらん」という。[26] このように、たとえ身は民間にあって政府に反抗したとしても、また天皇の個人的な思いに逆らったとしても、南北両朝の正閏を明らかにしようとする能動性がそこにはあった。

かたや、後述するように、元老の山県からすると、皇位の正統という重大問題にかんして、「臣子」が新聞や雑誌で無遠慮に論評すること自体、唾棄すべき行為であった。

大日本国体擁護団の檄と講演会

三塩は、全国一〇万人の小学教師には、実際は洞ヶ峠を決めこむ「筒井順慶」が多いと考えていた。[27] よって大日本国体擁護団は、「筒井順慶」に訴えるべく、積極的な行動に出る。

大日本国体擁護団は檄文五〜六〇〇通を、全国の新聞社などに配布した。この檄文は、国定教科書が国体の精華たる「大義名分」の意に疑惑を抱かしめているとして、「大義名分」にかんし明確な国論の確定と小学校用教科書の廃棄を強く訴えるものであった。また内田は、岩本平蔵（奈良県会議員）や菊池謙二郎などの地方有志に書を送って、上京を促した。その意は、「北朝が正統になれば、吉野神宮の尊厳は全滅する。南北に正閏を立てねば、『大日本史』の功績は丸潰れである。其の地方の有志は、速に出京して奮闘せよ」というものであった。(28)

また、二月二八日に国体擁護団は、小学教育の任に直接あたる人々に南朝正統の真意義を知らせるとして、東京市内の小学校・中学校・女学校など教育関係者を神田の青年会館に招待して、講演会を開催した。三塩は開会趣旨のなかで、「もし千百年の後足利尊氏出で、其一門〔足利〕直義、〔高〕師直の徒をして、総理、蔵相を初め陸相、朝鮮総督其外、文武の大綱一切を掌握し、天に二日の教を以て国民の忠君心を一、二にせしめて、非望を企つる如きあらんか、国家の前途果して如何」との「取越苦労論」を持ち出したが、ここには過去の南北朝の事例をもって将来起こりうるものとして大義名分を鼓吹する南朝正統論者の発想がよく表れている。(29)

日本弘道会の例会講演

西村茂樹が創設した日本弘道会は国体擁護団と人的に重なるところもあって、(30)会長の徳川達孝や三島毅（中洲）・猪熊夏樹ら長老が問題視し、活発な言論活動を展開した。(31)

たとえば、二月二五日に三輪田元道が「国民と歴史」と題して、例会講演を行った。(32)元道は父元綱が足利三代木像梟首事件（一八六三（文久三）年）において幽閉の身となったことを述べながらも、私情を離れて冷静に南北朝問題を研究する必要があるという。元道いわく、国家結合上重要な働きをするのが歴史的関係であるが、その歴史には「事実を基礎にする歴史」と「思想を基礎にする歴史」とがあり、伝説・神話・作話・詩文・小説をも含む後者こそが「国民に理想を与へ、少くとも国民を刺戟して活躍せしむるもの」だという。

また、内田周平も、四月二日、「大義名分に就て」と題して、例会講演を行っている。[33] その際、国体や大義名分にたいする内田個人の意見は、水戸藩の儒者の著述（会沢正志斎「新論」「迪彝編」、藤田東湖「弘道館記述義」）とだいたい同じだと本人はいう。そのうえで内田は、南北朝の正閏を一刀両断で決する。すなわち、後醍醐天皇は始終「皇権恢復」という大義名分の上に立ち、かたや北朝は尊氏が叛しない以前には存在せず、「南朝は兎に角天皇御親政なれども、北朝は天皇御親政でない」として、南朝正統を主張するのである。

2　政府弾劾決議案へ

貴族院——伯爵同志会の動向

貴衆両院における動向に話を戻す。まずは貴族院からみていく。

伯爵同志会の大木は引き続き、二月二二日の予算委員総会に委員外として出席し、質問演説を行ったが、政府側答弁を含めて秘密会とされた。[34] 幸倶楽部の田健治郎の日記によると、この日の質問では「難詰」がさかんに起こり、小松原文相もすこぶる答弁に窮した状況であった。田がみるに、南北朝正閏問題は国体にかんするために頃日来世論が沸騰しており、この日の質問もその余波だという。そして、おそらく内閣一部の動揺を来すのではないかと田が推測するほど、当日の質問は厳しいものがあった(35)。

大木からすれば、「天に二日無し」、すなわち万世一系の国体は論争の余地なく、「史論家」といえども今にして北朝正統というような「詭弁」を弄するべきではない。三〇年来涵養してきた「国民精神」をますます正道に発達させるためにも、大義名分を明らかにせざるをえない。ただし、本問題を「政争的論題」に供してはいけないとも大木は考えていた(36)。

また大木には、衆議院への対抗意識もあった。貴族院は帝室の優遇を蒙っており、その性質上、南北朝正閏といった「国体問題」は、衆議院ではなく貴族院から質問が出されるべきだと考えていた(37)。

大木の質問は貴族院における賛成者の獲得に困難を来したため、質問に都合のよい地位（予算委員会第三分科会主査）にある徳川達孝(38)が代わって行うことになった。徳川達孝は、三月七日の貴族院予算委員会総会で、現行教科書が台湾でも使用されているのか、また教科書の修正内容はなんなのかについて、積極的に質問している(39)。

衆議院――政府問責決議案の提出へ

大日本国体擁護団は、藤沢の質問が不発に終わった以上、衆議院における国民党の犬養毅に期待し、連携を求めるようになった。犬養との連携は成功し、内田からすると、犬養は「我々と気脈を通じ」るにいたるのである(40)。

一方、犬養のほうも南北朝正閏問題の政争化を決断する。それは当時の政治状況――国民党が「桂園体制」から疎外され、政治活動上閉塞状況に陥っていた――が大きく関係していた。

もちろん、犬養は意に添わないことはしないし、物事にたいし非妥協的な性格なので、単なる政治的理由のみで行動したのではなく、自身の経歴や思想傾向から、国定教科書の記述は失態であると本心から思って同問題の政争化を行ったと推測される。

犬養毅[41]は、一八五五（安政二）年、備中国賀陽郡庭瀬村に大庄屋犬飼源左衛門（水荘）の次男として生まれた。父は漢学者でもあり、犬養は五～六歳ごろから四書五経の素読をはじめ、庭瀬藩医の森田葆庵から漢学を学んだ。また父の意向で、一〇歳ごろから、経学を専門にしていた犬飼松窓の三余塾で学んだ。父の急逝と上京、さらには慶応義塾への入塾後も漢学を棄てたわけではなく、文名の高い林鶴梁の門をたたいたりした。

また、犬養の五代前の祖先（玄祖）にあたる幸左衛門（訥斎）は、崎門三傑の一人浅見絅斎の高弟若林強斎が京都に創立した望楠軒に学び、帰郷して私塾を設けて子弟に教授した人物であり、犬養も誇りにしていた。[42]その後代々、山崎闇斎の学説を継承、『犬養伝』によると、犬養も「父祖以来、闇斎派の学統を承け、名節の教へに育つた」とされている。[43]よって、犬養は家学の荒廃を憂い、その復興を念としていたといわれる。

さて、国民党内部では政府を弾劾するにあたって、大逆事件と教科書事件を一括化するのか否か、また形式も衆議院決議とするのか、それとも天皇への上奏とするのかをめぐって激論が続いた。『国民新聞』の報道によれば、佐々木照山（安五郎）・村松恒一郎・福本日南（誠[44]）ら「過激論者」があくまで大逆事件と教科書事件とを一括したうえでの天皇への上奏を主張したのにたいし、大津淳一郎・服部綾雄・坂口仁一郎・関直彦らが両事件は別問題であると反論するなど、国民党は「両派に分立」する傾向にあった[45]。大逆事件と一括した上奏に積極的な日南などは、「桂総理大臣迄は兎も角として、小松原文相は擲上げる積り」と話したように、最低限でも小松原文相の責任を問い、さらにできれば桂首相の責任問題へとつながることを期待していた[46]。

「過激論者」とされた日南・佐々木・村松らは、寄り合い所帯である国民党のなかでも、「犬養派」に属した。このうち佐々木・村松・蔵原惟郭ないし前述の卜部喜太郎は、もともとは又新会内の「十一人組」であって、「吏党」を排除した「純民党合同論」を主張する点で犬養ら国民党内非改革派と方向性を同じくしたことから国民党へ入党し、「犬養派」に加わったのであろう。この「十一人組」は新聞記者出身が多く、議論好きであった。また、新聞からは「やじり組」とも命名され、その音頭とりが佐々木だという[47]。佐々木のヤジの才能は、南北朝正閏問題でも存分に発揮される。以上みてきたように、国民党内非改革派として純民党路線を主張していた犬養派が、南北朝正閏問題の政争化に積極的であったことがわかる。

さて、国民党は二月二〇日に党本部で代議士会を開いた。席上、最強硬措置である明治天皇への上奏を主張する「上奏派」の首藤陸三・蔵原・佐々木・村松・高柳覚太郎らと、天皇への上奏にくらべれば相対的に穏健な措置である衆議院決議案の提出を求める「決議派」の坂口仁一郎・関直彦・日野国明らとのあいだで激烈な論戦が繰り広げられ、ついには蔵原と日野とのあいだで鉄拳の応酬にまでいたったが、採決の結果、一六名対三五名で決議案の提出に決定した[48]。

弾劾上奏案ではなく弾劾決議案を選択（『二六』2月23日）

結局、国民党は、天皇への上奏という最強硬手段は避けつつも、衆議院決議というかたちで、大逆事件と教科書問題とを連結させての政府問責にふみきった。連結させたのは、教科書問題が「国民教育上由々敷大問題」であり「国民の輿論」に訴えかける点できわめて有効であるとの判断があったからだと推測される。[49] そして、『読売新聞』などのメディアも、毒悪の妖婦にも等しい陋劣手段を用いて議員の質問権を蹂躙（藤沢元造の質問阻止を指す）した政府の罪を鳴らすものとして、政府弾劾決議案に期待したのであった。[50]

二月二一日、国民党の犬養毅・大石正己・河野広中の三総務が連名で衆議院決議案を提出した。[51] この決議案は日南が起草した。[52]

決議案は、大逆事件と南北朝正閏問題とを連結させることで、政府の責任を追及するものであった。さらに決議案の説明書になるとより過激で、南北朝に正閏なしとの「妄説」を公布することは明治制法、特に皇室典範を破壊するという。さらに、尋常小学校と高等小学校とで、また小学国定教科書と小学読本とで南北朝正閏問題の扱いが異なることは、国民をしていずれに適従するかを迷わせることになり、「是レ明カニ国民教育上ノ無政府主義ヲ顕現スルモノニ非スヤ」とさえいう。すなわち、決議案の論理では、国定教科書に南北朝並立論が採用されたことで人心が動揺した結果、大逆事件が生じたことになる。[53]

このように、事件は、喜田個人や教科書への攻撃から一転して政争化し、政府の責任を問うところにまで発展したのである。(54)

立憲政友会の立ち位置

国民党提出の弾劾決議案は上程されたが、いわゆる「吏党」である中央倶楽部は二月二一日に代議士会を開き、黙殺の党議に決した。それにたいして微妙な立場に置かれたのが、政友会である。桂内閣と「情意投合」した以上、桂内閣を擁護すべきではあるが、一方で他人の過失まで引き受ける義務もなく、さりとて弾劾決議案に賛成する勇気もないからだ。(55)

政友会総務の原敬(たかし)は二月二一日、もう一人の総務松田正久(まさひさ)とともに、衆議院内で桂首相・平田東助内相と対策を協議した。その結果、二三日の討議では政友会・中央倶楽部は反対演説をしないで、即時採決して否決することに決した。原も、文部省が国定教科書の記述を南朝正統から南北朝並立に改めたのは「穏当の事にはあらず」とは思っていた。しかし、桂内閣と情意投合したからには、弾劾決議案に賛成するわけにもいかない。桂首相は原ないし松田が正々堂々論破することを望んだが、そうすることは教科書問題の政争化を試みる国民党の術中に陥ることを意味した。つまり、原いわく、「殆(ほと)んど無言にて之(これ)を否決し去るに如(し)かず」なのである。(56)

二月二二日の院内幹部室における臨時幹部会では、元田肇(はじめ)が突然、小松原文相の引責辞任説を唱えたが、原が抑えこんだ。(57) それでも臨時幹部会が午後三〜七時と長時間を要したのは、政友会内にも国民党の主張に同調する者が多く、その背後に小久保喜七(きしち)・根本正(しょう)ら「水戸派」が、議場

「後は塀、前から火」(『二六』2月24日)

で政府に教科書改訂を公約させるよう幹部に要求していたからである。[58]小久保らは、桂のような権謀術数に富む政治家が私的な会合の席で約束しただけでは信用ならないというのである。[59]小久保の回想によると、党内多数派からは「反対党領袖の提出したる決議案に共鳴し、六ケ敷き難題を言ひ募る頑固連には困る」との陰口をたたかれたという。[60]

決議案の審議当日の二三日午前一一時から院内予算委員室で、政友会代議士会が秘密会として開催された。松田総務が当該決議案の否決を求めたのに福井三郎・武市庫太が同調したのにたいして、東武・宮古啓三郎・橋本治六が閣僚の責任を問おうとしない幹部の所感を糺すべきだとか、また中村啓次郎・小久保・山本悌二郎が幹部の意向が明らかにならなければ幹部には一任できないとか主張、さらに戸水寛人が桂から教科書修正の言明を得たうえでの決議案否決を唱えたため、一時はすこぶる議論が沸騰し、ほとんど殴りあいをはじめんばかりの勢いを呈した。[61]

結局、長谷場衆議院議長ないし松田総務が「必ず諸君の面目を毀けざるやう取計ふべきを以て、何卒幹部に一任せられたし」と懇請して、やっと紛擾を鎮めることができ、一二時半に散会した。[62]松田や長谷場の発言は、決議案反対への代償として桂首相から小松原文相の辞職をほのめかされたことをにおわすものであった。

以上みてきたように、国民党ないし政友会の決議案賛成派は、小松原文相の引責辞職を求めていた。また、決議案賛成派ではない「某政友会領袖」も、桂の内閣明け渡しにまで行かないにせよ、少なくとも小松原の引責辞職は当然と考えていた[63]。一部の新聞報道によれば、小松原はすでに前日の二月二二日、桂首相まで辞表を提出しており、本議会閉会後、桂が執奏して天皇の聴許を得ることになっているという[64]。文相の辞職についての「確約」はないものの、「以心伝心の間に黙契」が成立しており、議会閉会後、小松原は辞職すると報じる新聞もあった[65]。

政府弾劾決議案の採決当日

決議案採決予定の二月二三日（木）は、早朝より衆議院玄関は人だかりでいっぱいだったが、これは関係代議士に傍聴券を求めた人たちである。開会予定の午後一時前には傍聴席は十重二十重の人垣で、いつもはがらんとしている貴族院議員傍聴席もこの日はあふれて隣室の皇族席前まで流れ、外交官・婦人席もいっぱいだった[66]。また、『万朝報』によると、議長の着席前にもかかわらず議員席はいっぱいで、政府委員席も立錐の余地なく、活気にあふれていたという。ちなみに、『万朝報』は、桂首相の顔色が蒼白だと皮肉的に報じている[67]。

衆議院傍聴席（『国民』2月24日）

午後一時一四分、衆議院の開会となっ

たが、決議案審議の段になって、政府委員の安広伴一郎（法制局長官兼内閣恩給局長）が議院法の規定により秘密会を請求したため、傍聴人を退去させて秘密会となった(68)。

大日本国体擁護団の三塩からすれば、この秘密会は「官僚十八番の策」ということになろうが(69)、実はめったに開かれないもので、本会議では第一三回帝国議会以来、一二年ぶりのことであった。桂内閣が弾劾決議案をいかに警戒していたかがわかるであろう。

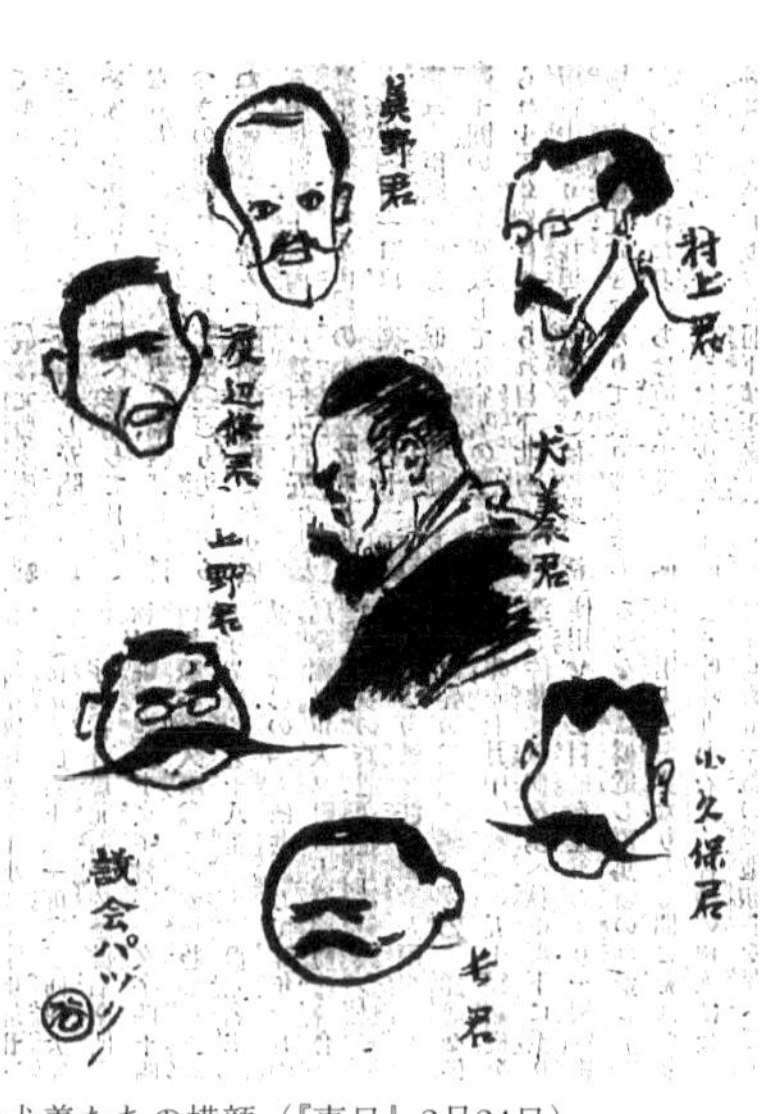

犬養たちの横顔（『東日』2月24日）

決議案の説明として、犬養が激烈な弾劾演説を行う。犬養は、前日来風邪のため病床にあったのを押しての登壇であった(70)。

決議案は大逆事件と教科書事件との二条からなっていて、犬養はまず大逆事件について触れる。犬養は大逆事件の原因の一つに行政ないし警察政治の失策があり、社会主義者にたいする苛酷な取り締まりが逆に大逆事件を激成したとして、政府の責任を厳しく問う。

次に犬養は教科書問題に移る。犬養いわく、明治維新以来の経緯からいって、いまさら正閏を論じる余地はない。「トコロガ、天ニ二日無ク国ニ二王ナシト云フ主義ヲ非認シテ、南北両朝共ニ立ッタトスルナラバ、日本国ハ二ツニナッタノダ。イツ二ツニナッタ。日本国ハ金甌無欠、イツ二ツニ分割サレタト云フ事実ガアル」。もちろん学者が研究するのを禁止するつもりはないが、文相の監督した国定教科書が、明治維新以来四〇余年間平和に存続していた「大主義大綱」を打ち破る必要がどこにあろうか。

さらに、大逆事件以上に重大なのは、文部省の官吏、すなわち編纂官(71)が、「神器ト云フモノヲ以テ正閏ヲ分ツナラバ、若シ暴力ヲ以テ之ヲ奪去ッタモノガアッタナラバ、之ヲドウスルカ」という暴慢な言葉を吐いていることであるとして、次のようにいう。

> 天皇ノ崩御若クハ御譲位ニ依ッテ正統ノ皇位ヲ継承セラレナクテモ、力アッテ強イモノデアルナラバ、イツデモ帝位ヲ継グト云フコトヲ文部当局ガ認メラレタナラバ、是ハ国賊以上デ……是ハ皇室ニ対シテ幸徳以上ノ乱階ヲ作ッタモノデアルト思フ。

つまり、文相をはじめとする内閣諸公には大逆事件以上の責任があるとして、辞職を強く迫る。このように犬養の弾劾演説は、前半の大逆事件では政府による社会主義者への過酷な取り締まりを非難し、後半の教科書事件では文部省による南朝正統論の変更を非難する。一見すると前半と後半とで論理が一致しないようにもみえるが、政府の責任を鋭く問うという一点でつながっているのである。

これは、犬養が後年政友会総裁になったのち、犬養の後援会機関誌『木堂雑誌』に掲載されたものなので、多少割り引く必要があるが、小久保の回想によると、犬養の演説は言葉が肺腑より出て、また満場は水を打ったように静かで、なかには感きわまって慟哭する者さえいたという。[72]『二六新報』も、犬養の演説が「荘重明晰」で、近来の出来栄えと賞賛する。[73] また、『東京日日新聞』によると、国民党はもとより、政友会も過半数が拍手して犬養を迎えた。[74] もちろん、拍手をした連中は散会後幹部に呼び出され、大目玉をくらったという。[75]

逆に、桂内閣系の『国民新聞』は、病余の犬養が「顔色愈々蒼白、気息奄々」だったと報じ、[76]政友会系の『中央新聞』は、犬養が「案外簡単に決議案提出理由を説明し」たとだけ報じた。[77] 内閣にたいするスタンスが、報じ方を左右する好例である。

さて、犬養の弾劾演説が終わり、桂首相が答弁のため壇上に現れると、蔵原惟郭が猛然と仁王立ちになり、「我輩は命を投げ出して本問題を争はんと欲するもの、イ、加減の弁疏を為す勿れ」とほえたが、桂は苦笑しながら原稿を卓上に置いて、予定の演説をはじめた。それは、もしも小学校教科書の字句で教育上惑いを生じる恐れがあるならば、政府は相当の処置を行うことを言明したもので、従来の答弁ラインを堅持したものであった。[78]

続く政友会の元田肇による討論終結の緊急動議は、「之を以て政争の具に供す」という一節が国民党側の憤激を買い、[79] 議場の騒然さにかき消されんばかりであった。政友会側からすれば、卓をたたき足をふみ鳴らして妨害を加えた「国民党の弥次連」は、「何時もながら厄介なる連中也」ということになる。[80] そして、国民党の蔵原・村松・佐々木らは、「未だ何等の討論に入らざるに、討論終結とは心得ず」と絶叫した。[81] 蔵原などは階段をかけのぼって元田の洋服をつかみ、国民党の陣笠連も怒髪が逆立つ光景でつめよって、なかには「制裁を加へよ」「天誅を加へよ」

と絶叫する者もいた[82]。

結局、討論終結の緊急動議を採択のうえ決議案の採決に入り、賛成九三、反対二〇一で、否決に終わった。賛成九三票は主に国民党からであるが、他党からも四〜五票あったと思われる[83]。おそらく政友会からであろう。かたや、反対二〇一票は主に政友会+中央倶楽部の票であろう。

秘密会の議事録は議院法の規定にもとづき刊行されなかったが、各新聞が概要を報じており（おそらく、出席した議員に取材したものと推測される）、その内容もおおむね正確なものであった[84]。「秘密会」といっても実際はぜんぜん秘密ではなかった点が、興味深い。よって、読売新聞社員の木山熊山（もくざん）などは秘密会にする効果はあるのかを問い、かつ皇室にかかわるような重大問題を、国民環視（かんし）のもと公明正大に討議しなかったことを強く批判している[85]。

また、桂内閣と政友会との妥協体制（桂園体制）に批判的な新聞は、痛切さをもって決議案の否決を報じた。『二六新報』などは、国民党代議士らを「民軍」、決議案の否決を「名誉の戦死」とまで形容している[86]。『東京朝日新聞』は、もしも教科書問題が、たとえば西園寺公望内閣や大隈重信内閣で起きたならば、吉田松陰の門下から出た長州の政治家たちはごうごうとしてその非を責めただろうと、皮肉な仮想を行っている[87]。

ちなみに、藤沢を弟のごとく想って泣いた啄木は依然として入院中で、病床で新聞を読み、日記に「新聞には昨日の議院で、国民党の大逆事件及（およ）び教科書事件問責案が秘密会として葬りされたことを書いてあつた」と記した[88]。啄木にとって、重ねての落胆であった。

決議案否決後の国民党と政友会

決議案が否決された二月二三日の午後六時から、銀座尾張町の松本楼で国民党懇親会が開かれた。席上、日南は、南朝の天皇こそ資格を有すると演説した。また日南は、今後知識の進歩した国民が、かつて幕末に徳川幕府がしたこと（青蓮院宮を擁立して賊名を免れようとしたこと）にならって、「国礎」を動かしかねない危険性を指摘した。続いて佐々木が、自分も長州人であるが、今の長州内閣は大義名分を紛更し、長州の先輩たちの誠意赤心を没却していると憤慨した。この懇親会は不平会と慰労会とを兼ねたもので、気焔のあがった酒席となった[89]。

おそらくこの懇親会の席上であろうか、佐々木は日南とともにこの問題を語り合い、したたかに酔って大声でわめき、ついには泣き出して料理屋の二階から転げ落ちたという。いずれにせよ、佐々木が教科書問題を桂内閣弾劾へとつなげることに執念を燃やし、それが実らなかったことにたいして非常に憤慨したことがよくわかる[90]。

また、約一週間後の三月一日にも、日南主催のもと、神田青年会館で南北朝問題解決講演会が開かれ、服部綾雄・伊藤亀雄・佐々木・池辺義象・笹川臨風・内田周平らが講演して、南朝正統論を語るとともに、今後もあくまで当局の責任を問うていくことを決議して散会した[91]。臨風によると、警部が壇上の講演者をぐるりととりまいて椅子によりかかりながら、手帳を出して一言半句も聞きもらさないようにしていた。壇下も前二列ぐらいは巡査の列で、聴衆は蟻のはい出るすき間もないほどつめきっていて、まるで政談演説会だったという[92]。

一方、政友会において一部少数派は、依然として政府弾劾をあきらめていなかった。小久保喜七・山本悌二郎・東武・中村啓次郎・戸水寛人の五人が発起人となり、二月二七日に芝公園内紅葉館で有志代議士会を開き、①すみやかに教科書の改訂をすること、②すみやかに当局者の責任を明らかにすることを決議した。政府弾劾決議案採決前の議会における桂首相の誓約から進めて、すみやかなる教科書改訂の実施と責任者の処分（小松原文相の罷免、さらに場合によっては桂内閣の総辞職）を求めたのである。[93]

このいわゆる「紅葉館組」のうち、小久保喜七[94]は、一八六五（慶応元）年、下総国葛飾郡（現茨城県古河市）に生まれる。九歳のときから漢学者や寺の僧侶から漢籍を学んだ。小久保いわく、水戸学というほどではないが、その空気をすって成長したのである。民権家として活動後、一八九三年には茨城県会議員となった。一九〇〇年に政友会に入り、一九〇八年の総選挙で衆議院議員となっていた。

また東武は、一八八九年に大洪水のため北海道に移住したが、もとは吉野の十津川村出身ということからわかるように、熱烈な南朝正統論者であった。同問題の討議のため議会に出席する際は、水ごりをしたという。[95]

翌二月二八日、「紅葉館組」は決議文を総務の原に手渡しつつ、小松原文相の処決（辞職）を求めたところ、原はしばらくなりゆきをみるべきで、政友会のほうから文相の引退を迫るのは穏当でないと返答、押し問答となった。その際、原は、文相の引責辞職が早晩事実となって発表されることをほのめかしたという。[96] このあと「紅葉館組」は院内図書館で会合したが、原のほのめかしを信用して、しばらくはなりゆきを観望することに決定した(97)。もちろん、政府の処置が不十分であれば、原の信任を問う覚悟であった(98)。

決議案採決後の各種講演会

政府弾劾決議案採決翌日の二月二四日、神田青年会館で政教社主催の講演会が開かれた。弁士は福本日南・佐々木安五郎・蔵原惟廓・内田周平・松平康国ら八名で、会場内外で警官が一〇人あまりいるなど、物々しい雰囲気であったという。大日本国体擁護団の内田は、「国民教育の大混乱」という題目で現政府を痛罵し、聴衆も拍手喝さいしたが、臨検の警官は目をパチクリさせながら、何のとがめ立てもしなかった。そして、最後に内田が後醍醐天皇の遺詔を奉読すると、満場起立で敬意を表しつつ賛成したという(99)。

また、同じく国体擁護団の後藤秀穂は「正閏問題禍根と学閥の打破」と題して、南北正閏論の顚倒は学閥の弊より来るものとして学閥の打破を絶叫、民間学者の奮発を促した(100)。南北朝正閏問題が燃えあがった背景に、「民間学者」による「官学」への強い対抗意識があったことがうかがえる内容である。

この二月二四日の政教社講演会を人づてに聞いた喜田は、日記に「聴衆満堂。殺気横溢せり云云。……問題は例の南北朝正閏問題にして、昨日〔二月二三日のこと〕議会にて述べ得ざりし鬱憤をこゝに晴せるものなり。余に対する個人攻撃も多かりし由。何分にも、根も葉もなき訛伝誤解を本としての攻撃は閉口なり」と書きとめている(101)。

さらに、翌二月二五日、本郷教会で南北朝問題演説会が開かれた。演壇の左方に臨検の警部一名、巡査三名、入り口に巡査数名がいたほか、ところどころに角袖（私服警官）が隠れていたという。日南は五三の桐五つ紋付きの羽織を着て、「大義名分論」の演説をした。日南いわく、憲法第一条および『皇位継承篇』から南朝正統は明らかであるにもかかわらず、小学校用日本歴史でも尋常科と高等科とで自家撞着を起こしていることを鋭く指摘した。さらに、服部綾雄は、南北朝の対立を認めるとしたら、主権を二カ所に認めるのかと、喜田を痛罵した。(102)

註

（1）菊池謙二郎については、森田美比『菊池謙二郎』（耕人社、一九七六年）を参照。
（2）ちなみに、『読売新聞』は、南北朝正閏問題にかんし地方において活動家の活発な地域として、茨城のほかには防長（山口県）や伊勢をあげていた（「両朝問題の火の手（再び喜田博士等の責任）」『読売新聞』二月二〇日）。防長は旧長州藩、伊勢は伊勢神宮によるものであろうか。
（3）「水戸学者の奮起　南北朝正閏問題に就て」『東京朝日新聞』二月一八日。
（4）「南北朝正閏問題建議　水戸教育会の緊急動議　歴史削除に関する決議」『東京朝日新聞』二月二〇日。
（5）「南北朝問題と水戸人　水戸市教育会の建議」『東京朝日新聞』二月二三日。『南北朝論』一五一～一五六頁。
（6）「問題更に拡大せむ（南北両朝問題）」『読売新聞』二月二二日。
（7）「茨城出身記者会　南北朝正閏問題の決議」「水戸人と南北朝問題」『東京朝日新聞』二月二四日。
（8）『内田回顧』四頁。「三塩起源」一九八頁。
（9）「辞職問題真相（醜事実の有無如何）」『読売新聞』二月一八日。
（10）「松平手記」三六三～三六四頁。
（11）「三塩起源」二〇一頁。
（12）前掲柳田「明治文学と内田遠湖先生」五五三頁。

(13) 内田正「非南朝正統論七博士の説を難す」『国体之擁護』二九六～三一三頁。
(14)「まえがき」岩崎鐵志編『内田旭著作集』一巻（浜松史蹟調査顕彰会、一九九三年）。
(15) 内田旭「浮田博士の北朝正統論を駁す」『国体之擁護』二三七～二五九頁。
(16)「喜田回顧」一六〇頁。
(17)「後藤粛堂」（赤堀定夫・鈴木敏夫執筆）静岡新聞社出版局編『静岡県歴史人物事典』（静岡新聞社、一九九一年）一九八頁。「三塩解決」三六七頁。
(18) 稲葉君山「宋明士風の接受と南朝表彰」『日本及日本人』五五四号（三月一五日）六七頁。ちなみに後藤は、南北朝正閏問題で縁ができた大木遠吉の紹介状を持って、一九一二年一一月、山陵研究のため柳沢家（柳沢吉保は徳川綱吉に命じられて「皇陵修理」事業を行った）の文書・旧記の閲覧を求めた。それらを使って後藤は、一九一三年に『皇陵史稿』（木本事務所）を刊行した。この書は、「帝陵の復興史は、尊王心の発達史と、相表裏して進み、以て帝国今日の盛を致す」（二頁）という観点からまとめられたものである。後藤は神武天皇陵に面して「新平民の墓」があり、「醜骸」が土葬で埋められているため、「霊山」を「侵触」し、「極点の汚辱」を与えていると非難（一九八頁）、暗に住民を神武天皇陵から一掃すべきことを求めた。その結果、一九一七～二〇年の洞村強制移転事件の思想的背景となったことは有名である。
(19)「三塩解決」三八七～三八八頁。団体解散後の六月一一日に、水道橋の松平頼寿邸での会合（夕方からはあい携えて、神田青年会館で開かれた水戸義公〔徳川光圀〕顕彰講演会に赴いたという）時点では、池田謙蔵・木山熊次郎・相原熊太郎・松山敬夫が抜け、代わりに松平頼寿が入った一五名になっている（『内田回顧』口絵写真、本書一一二頁を参照）。松平頼寿は旧高松藩最後の藩主頼聰の八男である。高松藩の初代藩主頼重は徳川光圀の兄で、水戸徳川家の分家にあたるが、鳥羽伏見の戦いでは旧幕府側についたため「朝敵」藩とされるなど、微妙な立場にあった。そのためか、頼寿は、彼の曽祖父である第九代藩主頼恕（水戸藩主徳川斉昭の実兄）による修史事業（『歴朝要紀』の編修）が「我が宗家水戸義公」の『大日本史』に準拠して南朝正統説を採用したにもかかわらず、『歴朝要紀』の進献の際、北朝正統説をとる朝廷の強い抵抗を受けたことを弁明的に述べている（松平頼寿「旧高松藩の修史事業と南北朝正閏論（維新以前京都の北朝正統思想）」「序」『国体之擁護』二八二～二九五頁）。おそらく頼寿は、大木遠吉や徳川達孝とともに伯爵同志会の一員だったために、その関係で会合に参加したと思われる。

(20)「国体擁護団設立」『読売新聞』二月二一日。「三塩解決」三六五〜三六六頁。

(21)国体擁護団の一人「新説学者の危険」『正閏論』三八九、三九一頁。

(22)「三塩解決」三六七頁。

(23)大木遠吉「序」『国体之擁護』四頁。

(24)前掲廣木『アカデミズム史学の危機と復権』一四三〜一四四頁。

(25)同右一四三〜一四五頁。

(26)松平康国「史学の趨勢と国体観」『国体之擁護』三二三頁。同右一四五〜一四七頁。大日本国体擁護団に参加した副島義一も、「唯天皇の御詞に従ふのみが決して忠義なりとは云へぬ。仁政の行はれて行く様に誠心誠意尽力して行くのが、真の忠義である」とさえいう（副島義一「国体の擁護」『日本及日本人』五五四号、三月一五日、四五頁）。

(27)「三塩解決」三六九頁。

(28)『内田回顧』五〜七頁。同右三六九〜三七〇頁。渡邉明彦「『南北朝正閏問題』と新聞報道」『早稲田大学大学院教育学研究科紀要　別冊』一四巻二号（二〇〇七年）二六六、二七二頁。

(29)「三塩解決」三七二〜三七四頁。そのあと、内田周平・副島義一・黒板勝美（ただし、当日咽喉を痛めたとして、講演中止）・姉崎正治が演壇に立った。内田は、哲学館事件（一九〇二〜三年）当時よりミューアヘッドの動機説が「危険思想」を養うとして大いに論戦を交えたが、今や文部省が国家権力をもって「正閏を混じ大義名分を没却し、且つ忠姦の道徳的批判に危険なる主観一元説」を用いた教科書を小学児童に課して国体を破壊しようとしているとして、強く非難した。

(30)「三塩解決」三七〇頁。

(31)のち弘道会では、三月一一日に「南北朝史研究委員」を、池田謙蔵・三輪田元道・湯本武比古・内田周平・工藤一記・小林正策・足立四郎吉（栗園）に委嘱した（日本弘道会編刊『日本弘道会四十年志』、一九一八年、五五六頁）。ちなみに、『東京朝日新聞』は、この七名のほかに松平真弦・三島復の名前もあげている（「弘道会の南北朝研究」『東京朝日新聞』三月一三日）。このうち大日本国体擁護団員でもあったのは、池田・内田・小林であった（「三塩解決」三七一頁）。弘道会における例会講演も、当該問題に集中したという（「教科書事件の解決に就て」『弘道』二二九号（四月）三頁）。

（32）三輪田元道「国民と歴史」『弘道』二二九号（四月）六〜九頁。
（33）内田周平「大義名分に就て」『弘道』二三〇号（五月）四〇〜六六頁。
（34）「大木伯の質問　予算総会にて　正閏問題」『東京朝日新聞』二月二三日。「大木伯と正閏問題」『二六新報』二月二三日。
（35）尚友倶楽部・櫻井良樹編『田健治郎日記二　明治四四年〜大正三年』（芙蓉書房出版、二〇〇九年、以下『田日記』と略記）二月二二日条。
（36）「南北論と大木伯　精査熟慮中」『東京朝日新聞』二月二三日。
（37）大木遠吉「序」『国体之擁護』。ちなみに、大木は再度貴族院に公然質問書を提出することを考えていたため、その材料提供として牧野・松平・三塩が三月一日に大木のもとを訪問するが、その際大木は父の故大木喬任（喬任が文部卿のとき編纂した単語篇中に南朝正統を明記公刊した）にたいして、「素志を貫かずんば止まざるべし」と誓ったという（「三塩解決」三七六頁）。つまり、南北朝正閏問題は、父子の問題でもあった。
（38）徳川達孝は田安徳川家の当主で、徳川宗家を継承した家達の実弟にあたる。南北朝正閏問題当時の達孝は、大木・松平頼寿とともに伯爵同志会に所属しており、大木の同志的存在であった。また、日本弘道会の会長でもあり、二重の意味で南北朝正閏問題に熱心であった。もちろん、達孝の政略的判断の背後には、本人の正閏観がある。達孝は、南北両朝の正閏は「勢」ではなく「義」をもって決するべきで、南朝こそが正統だと考えていた（徳川達孝「序」『国体之擁護』）。
（39）「三塩解決」三七八〜三八二頁。「両院予算総会　貴族院」『読売新聞』三月八日。「貴族院予算総会（全部原案を可決す）」『東京朝日新聞』三月九日。
（40）『内田回顧』四〜五頁。南北朝正閏問題で気脈を通じた内田と犬養は、以後書簡をやりとりする仲になる（桂木惠「犬養毅と南北朝正閏問題——内田周平宛書簡を中心に」上・下『信濃』六六巻五・七号、二〇一四年）。
（41）犬養毅の経歴については、『犬養伝』や、時任英人『明治期の犬養毅』（芙蓉書房出版、一九九六年）を参照。
（42）内田周平「南朝正統論発達史」『国体之擁護』一九八頁。
（43）『犬養伝』八三九頁。
（44）福本日南（誠）は、一八五七（安政四）年に福岡藩士の長男として生まれた。一八八九（明治二二）年、陸羯南とともに新聞『日本』を創刊、政教社系ナショナリストとして明治中期の言論界で硬質の論客として名声をあげた。一九〇八年に憲政本党所属で衆議院議員となり、犬養派として活動した。また、一九〇九年には『元禄快挙録』を刊行、史論家としても名声が高かった（「福本日南」（佐藤能丸執筆）『国史大辞典』一二巻九八～九九頁）。

(45)「国民党と問責案」『国民新聞』二月一七日。

(46)「喜田回顧」一四八頁。当時東京帝国大学の大学院生であった藤井甚太郎が、日南から直接この発言を聞いている。

(47)「国民党及び其中枢的人才」『国民雑誌』二巻三号（三月一日）二四～二五頁。

(48)「問責決議案提出　国民党代議士会」『国民新聞』二月一二日。

(49)「現内閣の責任（武富時敏氏談）」『読売新聞』二月一八日。

(50)「政治家の悪辣手段」『読売新聞』二月一二日。『正閏論』一一～一四頁。

(51)決議案と理由書については、『犬養伝』八三五～八三八頁を参照。『東京朝日新聞』二月一二日にも全文が掲載されている。ちなみに、政府弾劾決議案の提出者である総務は、非改革派（犬養毅）、改革派（大石正巳）、又新会からの合流者＝中立（河野広中）というように、国民党内の三グループから一人ずつ出ていた（『続・現代史資料』二八三～二八六頁。前掲『議会制度七十年史』三八六～三八八頁）。日露戦争以後、政友会のように藩閥勢力とのあいだで〈縦断政党〉化することの是非や非政友合同の範囲をめぐって、激烈に争っていた国民党内の三グループが一致して決議案に賛成したのも、決議案の内容が三グループともに賛成しうる最大公約数的なものだったからであろう。

(52)政府弾劾決議案・理由書が福本日南『日南草盧集』（岡部春秋堂、一九一二年）一七五～一八〇頁に収録されていることから考えると、日南はこの弾劾案の文章にかなりの自信があったのではないかと推測される。

(53)前掲廣木『アカデミズム史学の危機と復権』一一五～一一六頁。

(54)「喜田回顧」一四八頁。

(55)「決議案は黙殺（政友中央両派の態度）」『読売新聞』二月一三日。

(56)『原日記』二月一一日条。

(57)このあと、大岡育造・元田の起草文を折衷して原が文案を定め、二月一三日の討論終結の際、そのとおり発言させることにするとともに、長谷場純孝議長をして内密に平田内相を経て桂に示し、逆に桂の答弁のほうは明日の二三日に内示されることとなった（『原日記』二月二一・二二日条）。このように、当時の衆議院議長は党籍を有したまま議長をつとめたばかりか、政友会幹部の一員として政友会と桂内閣とのあいだを積極的に仲介したのである。

（58）「決議案は黙殺（政友中央両派の態度）」『読売新聞』二月二三日。

（59）『犬養伝』八五一頁。同書には決議案採決（二月二三日）後から二四日の紅葉館における有志代議士会開会にいたる理由として語られているが、当時の政治状況から、本書は決議案採決前のことと判断して叙述している。

（60）同右八五四頁。

（61）『原日記』二月二三日条。「政友会代議士会　対問責案策」『東京日日新聞』二月二四日。「文相引責　教科書は訂正」「政友会代議士会　決議案総務一任　国民党の交渉」『東京朝日新聞』二月二四日。「政友秘密代議士会問責案に関して紛擾」『二六新報』二月二四日。「政友代議士会の論争　教科書問題」『国民新聞』二月二四日。

（62）同右。

（63）「内閣動揺に就て　某政友会領袖談」『東京朝日新聞』二月二五日。

（64）「文相辞表提出説」『東京日日新聞』二月二四日。「文相辞職説」『二六新報』二月二四日。「文相辞職説」『中央新聞』二月二四日。「文相辞職説」『万朝報』二月二四日も文相辞職説を伝えたうえで、たとえその事実はなくても結局は引責のほかないとの「政界一般」の観測を伝えている。逆に、桂内閣系の『国民新聞』は事実無根であるとして、文相辞職説を否定している（「文相辞職説無根」『国民新聞』二月二四日）。

（65）「内閣の動揺　文相の引責辞職　政友会と決議案」『東京朝日新聞』二月二五日。

（66）「衆議院雑観（廿三日）」『東京朝日新聞』二月二五日。「昨日の衆議院」『東京朝日新聞』二月二四日。

（67）「廿七議会衆議院（廿三日）」『万朝報』二月二四日。

（68）「官報号外」二月二四日、前掲『帝国議会衆議院議事速記録』二五巻二六三、二六五頁。傍聴に来ていた貴族院議員の田健治郎も、秘密会となったため退出させられている（『田日記』二月二三日条）。

（69）「三塩解決」三六八頁。

（70）『犬養伝』八三九頁。秘密会における議事速記録は、『帝国議会衆議院秘密会議事速記録集　一』（衆議院事務局、一九九六年）三三二〜三八頁を参照。

（71）喜田貞吉を指す。

(72)『犬養伝』八五三頁。
(73)「決議案の議事」『二六新報』二月二四日。
(74)「犬養氏問責演説」『東京日日新聞』二月二四日。
(75)「議院雑観」『万朝報』二月二四日。
(76)「衆議院（二月廿三日）」『国民新聞』二月二四日。
(77)「決議案の討議　九十三対二百一にて否決」『中央新聞』二月二四日。
(78)「院内雑話　ストーブの前で」『東京朝日新聞』二月二五日。
(79)同右。
(80)「決議案の討議　九十三対二百一にて否決」『中央新聞』二月二四日。『東京日日新聞』も同様の報道をしている（「問責決議案否決　二百一票対九十三票」『東京日日新聞』二月二四日）。
(81)「決議案否決始末」『東京朝日新聞』二月二四日。
(82)「議院雑観」『万朝報』二月二四日。
(83)『犬養伝』八四八頁。
(84)「決議案否決始末」「桂首相の弁明　元田氏動議の要領」『東京朝日新聞』二月二四日。「犬養氏の意見」「桂首相の弁解」「元田氏の動議」『東京朝日新聞』二月二五日。「犬養氏問責演説」「問責決議案否決　二百一票対九十三票」『東京日日新聞』二月二四日。「弾劾案討議内容」『万朝報』二月二四日。秘密会の審議状況を部分的に報じたものになると、さらに多数の記事がある。
(85)木下黙山「秘密会議」『読売新聞』二月二六日。
(86)「衆議院（廿三日）」『二六新報』二月二四日。
(87)「問責案の否決」『東京朝日新聞』二月二五日。『正閏論』八～一一頁。
(88)「明治四十四年当用日記」二月二四日条、『啄木全集』六巻（筑摩書房、一九六七年）二〇二頁。
(89)「国民党懇親会　秘密会の噂　非立憲攻撃　長蛇を逸す　党紀振粛論」『東京朝日新聞』二月二五日。「国民党懇親会」『万朝報』二月二四日。『正閏論纂』五八九～五九二頁。『南北朝論』一五六～一五九頁。
(90)前掲長山『人はなぜ歴史を偽造するのか』一一三頁。
(91)「南北朝問題講演会」『読売新聞』三月二日。

(92) 笹川臨風『明治還魂紙』（亜細亜社、一九四六年）八四～八五頁。ちなみに、臨風の次は佐々木の演説で、景気のよい大向こうをうならせる演説をしたが、久米邦武と久米幹文をごちゃまぜにして攻撃するなど、臨風からすると噴飯ものの講演だったという。

(93) 「政友会有志決議」『万朝報』二月二八日。「教科書事件打合会」『中央新聞』二月二八日。「教科書問題決議　政友会有志代議士会合」『東京朝日新聞』三月一日。参加者数については、『中央新聞』は二八名、『万朝報』は三〇余名と報じている。また、有志代議士会後の宴会で、東はもしも決議の目的が達せられないならば政友会を脱会すべしとまで断言し、小久保は徳川斉昭・楠木正行・藤原藤房を陞位ないし追賞したときの勅語を朗読して、さかんに南朝論を呼号したという。

(94) 小久保については、「小久保喜七氏談話速記」広瀬順晧編『政治談話速記録　憲政史編纂会旧蔵』四巻（ゆまに書房、一九九八年）ないし「小久保喜七」（菅谷務執筆）宮地正人ほか編『明治時代史大辞典』（吉川弘文館、二〇一一～一三年）一巻九六八～九六九頁を参照のこと。

(95) 前掲瀧川「誰も知らない幸徳事件の裏面」五九頁。

(96) 「文相ハ近く引責か」『万朝報』三月一日。

(97) 「教科書議員会合　成行観望の決議」『東京朝日新聞』三月二日。「政友会有志申合」『万朝報』三月二日。

(98) 「政府の処置如何　教科書代議士の覚悟」『東京朝日新聞』三月三日。

(99) 『内田回顧』五～七頁。「三塩解決」三六九～三七〇頁。前掲渡邉「『南北朝正閏問題』と新聞報道」二六六、二七二頁。

(100) 同右。

(101) 「喜田回顧」一四八頁。

(102) 「南北朝問題演説会」『読売新聞』二月二六日。

第五章

桂内閣による「第一の政治決着」

1　山県の危機感

井上通泰と森鷗外と常磐会

政府弾劾決議案は確かに否決されて終わったが、単にそれだけにとどまっており、桂太郎内閣の対策は後手にまわっていた。そして、桂内閣以上に南北朝正閏問題に驚愕(きょうがく)し、危機感をいだいたのが元老の山県有朋であるが、その山県に通報した人物が井上通泰(いのうえみちやす)である[1]。

井上通泰は一八六六（慶応二）年、播磨国姫路に生まれた。実弟に、民俗学で有名な柳田国男がいる。医師であり儒者である父から『日本書紀』神代巻(じんだいのまき)や棚谷桂陰(たなやけいいん)『国史攬要(らんよう)』と字引を与えられて、自力で読解するようしつけられたとおり、独学の気風を幼少から身につけた。帝国大学医科大学在学中の一八八九（明治二二）年、森鷗外や賀古鶴所(かこつるど)、さらには落合直文・市村瓚次郎(さんじろう)らと文芸グループ「新声社（S・S・S）」を結成、訳詩集「於母影(おもかげ)」や『しがらみ草紙』を刊行する。ただし、鷗外と井上が衝突して井上が脱退したことや、任地がバラバラになったこともあわさって、自然消滅となった。

井上は眼科病院を開業、診察のかたわら歌作など文学活動を行った。また、幼時から史学にも興味を持っていた。後年、万葉集や風土記の研究を行ったように、彼の関心の中心は上古のほうにあったが、歴史全般が好きで、弟子の森銑三には「おれは上は神武天皇から、下は近藤勇まで知つてゐるのだからな」と自慢したという。[2]

さて、日露戦後、鷗外や賀古が東京へ戻ってくると、「新声社」のつながりが復活した。医務局長・軍医総監の椅子をめぐって小池正直と角逐のある鷗外を軍の実力者山県へ接近させようとする賀古・井上の方策とあわさって、旧新声社の鷗外・賀古・井上をベースに山県を巻きこむ形で、一九〇六年、歌会「常磐会」が組織された。歌会は賀古邸と山県邸とで交互に開催され、後者のときには山県自身も出席した。

この常磐会には鷗外も参加するが、それは鷗外にも出世欲が存在したからである。かつて同じ「根岸党（派）」であった幸田露伴は後年、「森という人はおそろしく出世したい根性の人だった」と回想している。[3]鷗外との関係が疎遠になってからの発言なので、かなり割り引いて考える必要があるが、露伴が鷗外の出世欲をかぎ取っていたことは確かである。

山県有朋（1911年）

一方、井上は山県との関係が深まるにつれ、政治に近づき国士をもって任じるようになった。これは後年のことであろうが、弟の柳田国男によると、内幸町の井上眼科医院には、政界情報をさぐるために眼が悪いといって来る人が多かったという。[4]

井上は、南北朝正閏問題のため夜もろくろ

く眠れなかったが、それは「元来学者は国家の為に学問すべき筈なるに、ともすれば学問の為に学問致候」ことに危機感を抱いたからだ。井上は「同志打寄り相談」して、山県訪問のための人選を行った。その際、井上の考える条件（おしゃべりな人は避けるなど）から人選には困難をきわめたが、結局、市村瓚次郎と賀古鶴所が選ばれた。そして、二月二五日に、小田原古稀庵（山県の別荘）の山県を訪問することとなった。[5]

市村瓚次郎と賀古鶴所と森鷗外

井上の同行者として市村や賀古が選ばれたのは、彼らが大学時代以来の友人であり、かつ南北朝正閏問題で考えを同じくしていたからであろう。

市村瓚次郎は一八六四（元治元）年、常陸国筑波郡北条の素封家に生まれた。常陸出身の漢学者ということで、水戸学の影響が色濃い。一八七七年上京して、渡東嵎・小永井小舟の門に入って漢学を学び、一八八四年、東京大学文学部古典科漢書課に入学した。大学卒業後、学習院教授を経て、一八九八年には東京帝国大学文科大学助教授に就任した。[6]

このように市村は、漢学や「支那史」が「東洋史」へと変わりつつあった過渡期に属する世代であって、漢学的な倫理（道徳）と歴史とが未分離な心性を抱いていたと推測される。

もう一人の同行者賀古鶴所は、鷗外の唯一無二の親友として終身交際したことで有名である。[7]賀古は一八五五（安政二）年、蘭方医の長男として遠江国浜松に生まれた。東京大学医学部では、鷗外や小池正直と同期であった。賀古も常磐会に参加していたことは、前述のとおりである。

そして、常磐会のつながりからいって、井上・賀古の運動先には鷗外も含まれていた。山県訪問二日前の二月二三日、賀古が鷗外のところにやってきて、「市村瓚次郎、井上通泰の二人と古稀菴を訪ひ、南朝正統論をなすべきを告ぐ」(8)。賀古は山県訪問後の二七日にも鷗外のところへ来て、「南朝正統論同志者の行動」を知らせてきた(9)。

ただし、南北朝正閏問題にたいする鷗外のスタンスは、実のところよくわからない。のち一九一九(大正八)年に作成した「帝謚考」(10)では、北朝の光厳・光明・崇光・後光厳・後円融の各天皇も削除することなく考察の対象としているが、一方で、後小松天皇(後小松院)の前に一字下げでまとめて帯書している。これは、『大日本史』にならった処理といえる。このことから、鷗外のスタンスを類推するしかない。

鷗外の小説「かのやうに」

一方、南北朝正閏そのものではないが、天皇の起源ないし神話と歴史との関係について鷗外がどのように考えていたかについては、鷗外の小説「かのやうに」からうかがうことができる。

鷗外は、南北朝正閏問題から一年も経たない一九一二年一月一日発行の『中央公論』に、「かのやうに」を掲載した(11)。内容を要約すると、次のとおりとなる。

東京帝国大学文科大学「歴史科」卒業後、ベルリンに三年間留学して帰国した五条秀麿は、「国史」を一生の仕事と考えている。しかし、「神話が歴史でない」ことを明らかにすれば、父の五条子爵から危険思想視されかねないとして、「国史」を書き出すことに躊躇する。結局、秀麿は父との対決を回避するため、ハンス・ファイヒンガー（Hans Vaihinger）の「かのようにの哲学（*Die Philosophie des Als Ob*）」を援用して、「神話が歴史でない」ことを承認しながら、神話がある「かのように」ふるまうことを考える。しかし、友人の綾小路からは、父との対決を回避しようとする秀麿の姿勢に「駄目、駄目」と指摘されるのであった。

のち鷗外が長女茉莉の婚約者山田珠樹にあてた書簡[12]によると、「かのやうに」のモデルは綾小路以外実在しないが、「全篇捏ネ合セ」かというとそうではなく、鷗外の「一長者」にたいする心理状態が根調となって書かれたものだという。この「一長者」は山県とする説がこれまでのところ有力である[13]。だとすると、鷗外自身は秀麿の視点に立ち、かたや山県は父の五条子爵ないし、小説に出てくる「敬神家」「道学先生」に仮託されているものと思われる。

すなわち鷗外は、山県や井上・市村・賀古のように歴史と道徳とを分離して考えずに南朝正統論のため奔走することにたいしては内心醒めた眼でみながら、出世のためには表面、山県にたいして盾つかない態度をとっていたと推測される。実際、井上によると、「山県公と一座する時など、森はいひたいこともいはずに控へてゐるのが、卑屈ともいひたいほどで、歯がゆかつた」という[14]。一方で鷗外は、「学問の自由研究と芸術の自由発展とを妨げる国は栄える筈がない」とも公言していた[15]。

このような一見すると矛盾する鷗外のスタンスにかんして、大塚美保は鷗外が、国家権力側の抑圧的論理や施策に抵抗して〈国家を批判する〉言論戦と、社会主義・無政府主義の体制破壊の論理に対抗して〈国家を支える〉言論戦とを、同時に行うという複雑な戦略をとっていたとしている。[16]著者もこの説に同意する。[17]

激昂する元老山県有朋

二月二五日、井上・市村・賀古は小田原古稀庵の山県を訪問、南朝正統論にかんする「内情の経過」を詳述した。すると、山県は非常に驚いて「桂は何をして居(お)る」と激昂、興奮のあまり全身にけいれんを起こした。このようなことは、ほかには後年の乃木襲爵問題のときだけだという。[18]

山県は、一八三八(天保九)年、長門国萩に下級長州藩士の子として生まれた。入洛後に知己をえた久坂玄瑞(くさかげんずい)の勧めで、帰藩した一八五八(安政五)年に、松下村塾に入塾した。その後いくばくもなく吉田松陰(しょういん)が下獄し、江戸に護送のうえ処刑されたため、松陰との接触期間は短時日にとどまった。しかし、『山県伝』によれば、山県は松陰の尊皇主義によって感化されたのみならず、水戸藩の『大日本史』や頼山陽『日本政記』『日本外史』によって国体観念を涵養(かんよう)されたという。[19]

山県からすれば、後醍醐(ごだいご)天皇のように正式の儀式をふんで践祚(せんそ)した天皇が正統なのであって、血脈流派は論じるべきではない。「正当の儀式に拠(よ)つて位に上(のぼ)られた天子を、真正の天子として之(これ)を奉(ほう)ずるが、後世乱階(らんかい)の生ぜざる所以(ゆえん)である」と山県はいう。[20]

そのような山県にとって、小学校の国定教科書が南北朝並立説で書かれていることを「発見」したことは、驚愕(きょうがく)であった。山県には、大学教授が理屈一点張りに走って、古来確定した大義名分がいかに日本国民の心理状態に関係しているのかもわきまえず、南北朝両立説などを担ぎ出したのは、「由由しき大事」であると思われた。なぜなら、万が一将来に、次のような事態が生じることを憂慮したからである。後年、水戸出身で本人も南北朝正閏問題で奔走した高橋義雄（箒庵）に語った言葉である。

例へば今大政党の一派があつて、京都に於て某親王を奉じて反旗を翻し、案外の勢力を得て東京に攻め寄せ、天皇陛下は甲州などに蒙塵（天子が都から逃げ出し、荒野のほこりをかぶること）せらる、やうな場合があつたとしたならば、其大党派の擁立した親王を日本の天子と認むる事を得べきや(21)

つまり、山県は、勢力を有する大政党が某親王を天皇に擁立する事態を、尊氏が北朝の天皇を擁立した史実と二重写しにみてとって、恐怖したのである。このように、山県にとって過去は現在から切り離されたものではなく、常に将来の秩序維持の観点から考えるべきものなのである。

二グループの訪問者によると

井上らとは別に、早稲田漢学者グループの牧野謙次郎も小田原の山県を訪問していた。牧野は山県に、大義名分は断じてみだしてはならないと説いた。ちょうどそのころ、東京のある人物から書簡が山県のもとへとどき、幕末の足利三代木像梟首事件（一八六三（文久三）年）において幕府が犯人を処刑しようとしたのにたいして、長州藩主毛利敬親が幕府に上書してこれ

を救った経緯が思い起こされて、山県もついに奮起することになったという。(22)

牧野によると、山県は寺内正毅（陸相兼朝鮮総督）へ書簡を送って、桂首相への伝言を依頼した。それによると、自分が今日あるのは建武・延元の勤王諸公の遺風を聞いてのことだとして、前述の足利三代木像梟首事件における長州藩主の上書を思い起こさせて、桂らに善処を迫った。

また、別途寺内への書簡では、南北正閏を明らかにしなければ、将来万一「不軌之徒」が現れ、或いは「○○」を挟んで「○○」に据えることが起きたとしたならばどうするのか。夜に眠ろうとしても眠れず、食事をしてもうまくないと難詰したという。(23) 伏字部分については、前述の高橋への発言をふまえると、前の○○が「親王」を、後の○○が「天皇」を指していると推測される。

かたや、もう一方の訪問者の井上によると、話は微妙に異なり、山県は徳大寺実則侍従長と桂首相へ長文の書簡を送りつけたという。そのうち桂への書簡は、「大義親を滅す」とまで極言した詰問状だった。もし今日のごとく北朝の天皇が依然として皇位に登載され、南朝正統の大義が確定しないならば、皇室の前途は申すにおよばず、王政維新の鴻業が結末のつかぬことになり、国家の将来は実に寒心にたえないとまで山県は極言したという。(24)

2 「第一の政治決着」へ

山県有朋と寺内正毅の書簡の往復

それでは、現在実物が残っている書簡によると、どうなるだろうか。

寺内は山県あての二月二四日付け書簡で、教科書事件は政府の失態で弁解のしようがないとしたうえで、「今日に至り南北朝を顚倒致し、順逆を反対と為し論するか如きは、一に狂気じみたる学者の外、何人も左祖致候者無之事」と寺内はいう。そして、このような学者を出してしまったのは「文部の不健全」を表明するものであると、文部省に責任を転嫁するかたちで、山県に同調する書簡を書き送った。(25)

この書簡にたいし山県は、南北朝正閏のような大問題を新聞に雑誌に論評を試み、停止するところを知らない情勢に立ちいたりながら、政府による教科書改正の断案が「稍緩慢之御処置ニ傾向」していることをなじる。山県は「臣子之分」として、大義名分上日夜憂慮していることを寺内に伝えたうえで、次のようにいう。

全躰〔体〕文部省中之腐儒者（歴史博士）ハ、歴史ヲ解読セスシテ歴史ニ解読セラレタル一種之謬見ヨリ、如此僻説ヲ起シタルモノト見テ可然候。苟シクモ天ニ二日ナク、地ニ二王ナシトノ常径ヲ没却シ、将来我帝国ヲシテ暗国〔ママ〕セ〔世〕界タラシムルハ、明如看火矣。

そして山県は、この大問題が「腐儒者」のために葬りさられないよう、「一刀両断之御所〔処〕分」を強く求めた。[26]

この書簡からわかるように、山県が危惧しているのは教科書の内容以上に、皇室にかんする事柄が世をあげて議論されている現状にあった。言いかえると、山県は南北朝の正閏について国民的な議論が公に展開されることで、皇統の「万世一系」を大前提とする「国体」の権威が相対化されることに激怒している。[27] この山県の激怒が内閣を動かした側面は、たぶんにある。

山県有朋と桂太郎の書簡の往復

結局、桂は遅くとも二月二五日までには、南朝正統にかんして明治天皇の聖断を仰ぎ、枢密院の諮詢を経ることで解決することを決断したと考えられる。[28] 桂いわく、「維新後此事を極め置かざるは一の欠点なりと思うに付、自分は責任を以て之をなすべき考なり」。ただし、政友会の原敬にいうところでは、「学者の説は自在に任せ置く考」でもあった。[29]

桂は二月二六日付けで山県へ報告の書簡を送るが、[30] それは弁明に満ちたものであった。桂は、「最初之程は文部当局と議員間位之問答に留り居候もの」とみて聞きおよびもしなかったが、追々火の手をあげ、頃日の一大事件となってからはじめて、ことの容易ならざることを「研究発

桂太郎（1910年）

見」したのだという。もっとも、不信任決議案にかんしては政友会・中央倶楽部を「指揮」して「見事に勝利は得」たものの、「根本之定議」を一決しておかなくては将来国民指導の方針を誤り、いうことのできない情勢に立ちいたるので、今回は断然決意し、根本確定の方針を上奏、裁可を仰ぐことに決心したという。[31]

桂は、一八四八（弘化四）年、長門国萩城下に長州藩士の子として生まれた。母方の叔父中谷正亮から尊王攘夷の思想を受けつつも、一八七〇年にドイツへ留学した際に専攻として軍事学を選択したように、もともと即物的な思考を有する人物であった。[32]逆にいえば、イデオロギーの重要性にはにぶいところがあって、当初はせいぜい文部当局と議員間の問答ぐらいに思っていたという桂の弁解の言葉も、本心からのものだったと思われる。

この桂からの弁明的な書簡にたいして、山県は激烈にいらだった。山県は二月二七日付けで書簡[33]を送り返し、政府が山県に逐一報告しなかったことを強く非難、南朝のために一死をもって君恩に答えるとの決心を披瀝する。そして、重要問題解決をただちに断行するとの桂の決心を聞いて、積日の鬱情が一掃され、ふたたび天日の明を拝する感が生じたと評価する。そのうえで、次のように念押しする。

本日は閣議にて御決定之趣、於大体異論無之と存候得とも、事情纏綿之結果、多少之紛議惹起可致かなれとも、将来我帝国をして暗国（ママ）たらしめんとする者は国賊と呼候外無之と御断定、当然之事と信候。

すなわち、「将来我帝国をして暗国（ママ）たらしめんとする者」＝南朝正統の確定に反対する者を「国賊」と認定したうえで、その「国賊」による紛議にとらわれないで政府が対策を断行するよう、督励したのである。

南朝正統にかんする桂内閣の措置

桂内閣は二月二七日（月）の閣議で、南北朝問題解決のため勅裁を仰ぐことと、文部編修の喜田貞吉を文官分限令により休職処分とすることを、それぞれ決定した[34]。

桂は翌二八日に参内、御座所で明治天皇に拝謁して、歴代にかんして枢密院に諮詢することを請うた。徳大寺侍従長の日記によると、北朝の光厳・光明・崇光・後光厳・後円融の各天皇にかんしては「山陵祭典御崇尊ノ典ハ従前ノ如変更セラレザル事、御歴代ニ算セス」とあり、北朝五代を「世上説紛々」という状況のため歴代からはずすにしても、おそらく明治天皇をおもんぱかって山陵・祭典関係は変更しないことにしたのであろう[35]。

枢密院への諮詢書[36]は、冒頭「謹テ案スルニ、皇統一系ニシテ天ニ二日ナキハ我国体ノ基本ニシテ、国民道義ノ源泉タリ」という文言からはじまる。そして、南北朝のうちいずれを正統とするかについては、「維新以降、朝廷ニ於テ南朝（史家ノ指称スル）ノ忠臣及南朝正統論ヲ主持セル者ニ優旨ヲ賜リタル聖旨ニ副ヒ、我国民普通ノ信念ヲ維持スルハ至当ノ儀」として、今後教科書は南朝の後醍醐・後村上・後亀山と、南北朝合一以降の後小松天皇を皇統として、北朝の光厳・光明・崇光・後光厳・後円融天皇は歴代に記載しないこととし、政務上の関係もすべてこの方針で処理することにつき「聖裁」を仰ぐとしていた[37]。

三月一日、明治天皇は山県（枢密院議長）を召して、「皇位歴代数、速ニ確定」すべしとの勅語を下賜した[38]。このときの天皇の言動は、牧野謙次郎の「先朝遺聞」の記述をそのまま信用すると、次のようになる。すなわち、天皇は南朝正統が議定されてから久しいこと、明治維新の大業は実に建武中興の道筋によって成立したこと、このことはすでに後醍醐天皇を祀る吉野宮に告げていることをあげたうえで、それらを今さら変更することができようか、人は欺けても祖宗祖霊は欺くことができようか、山県よ安心せよと述べたという[39]。ただし、野村玄は明治天皇のスタンスを、ぎりぎりの抵抗ないし山県への消極的同意ととらえており、著者も同感である[40]。

ちなみに、南朝正統が議定されて久しいとは、一八九一年、皇統譜編纂に際して、南朝正統が明治天皇から裁可されたという事実をさす。この事実を、喜田はもとより宮相以下宮内省の役人も忘れていた。ただし、実は歴代表を決定したわけではなく、皇統譜の凡例・書式を定めるにあたって北朝の諸天皇は南朝の後亀山天皇の後に付載することを決定したまでのことであった[41]。

同日の三月一日（水）には枢密院会議が予定され、まず午前中に総委員会が開かれた。冒頭、桂首相から諮詢奏請理由の説明があり、そのあと渡辺千秋宮相が、宮中では南朝を正統としている旨を発言した。このとき枢密顧問官の加藤弘之が、矛盾を鋭くつく質問をした。すなわち、牧野伸顕(のぶあき)文相期(42)に、国定歴史教科書の編纂に際して宮内省へ南北朝のどちらが正統なのか照会したところ、当時の宮内省は未定と回答したのに、いま渡辺宮相は宮中で南朝を正統としていると発言したが、それはどういう意味なのかと質(ただ)したのである(43)。

それにたいして、このとき枢密顧問官であった牧野は、ここでは回答できないと答弁を回避した。また渡辺宮相は、宮中では南朝を正統としているけれども、明文の根拠があるわけではなく、外部からの照会にたいしては調査中と回答することになっているという、苦しい弁明をせざるをえなかった。そのあと、渡辺宮相が招いた劣勢を立てなおすべく、船越衛(まもる)・東久世通禧(ひがしくぜみちとみ)(副議長)・九鬼隆一(くきりゅういち)・末松謙澄(けんちょう)といった顧問官が次々と南朝正統論の線で発言したことを山県議長が引き取って、満場一致による可決を求めた結果、やっと可決にいたった(44)。

ついで同日の午後一時二〇分から開かれた枢密院会議(明治天皇の臨御(りんぎょ)はなかった)では、午前中の総委員会で議論が尽くされたとして即決することとし、全会一致で本案の賛成に決した。新聞報道によると、この間わずか五分間だったという(45)。そして、山県枢密院議長が即日奉答した。上記の奉答と渡辺宮相の上奏を明治天皇も採納して、皇統は南朝の諸天皇であることを「御認定アラセラレタリ」と、三月三日、徳大寺侍従長から桂首相へ伝達された(46)。

ちなみに、この伝達文書は侍従長名・印で発出されたもので、皇統の歴代確定という皇室の大事を取り決めたものでありながら、「公式令」の定める詔書ないし勅書の形式はとられておらず、よって『官報』にも掲載されていない。その理由として野村は、みずからも北朝の子孫であった

延元御陵（後醍醐天皇陵）奉告記念（『国体之擁護』口絵）

明治天皇が、やはり南朝正統論を公式に確定することはしたくなかったからではないかという興味深い推測をしている[47]。

　また明治天皇は、「光厳・光明・崇光・後光厳・後円融の各天皇に対しては、崇高の思召により尊号・御陵・御祭典等総て従来の儘たるべき旨を命じ給ふ」たのである[48]。すなわち天皇は、彼が嫌う近代化政策にかんして、オフィシャルな場では藩閥政府の要求に屈して従いつつも、「奥」――プライベートな場――では近代的なものを頑強に持ちこませないという、いつもの行動パターンをこのときも踏襲したと推測される。

　さて、この最終決定に山県は安堵したのだろう、宮中より井上通泰に電話をかけて、「唯今陛下から南朝正統の勅裁があつた。今晩からは、枕を高うしてやすみなされて宜からう」といったという[49]。

　内田周平ら大日本国体擁護団も決定を側聞して、「全く勝利」と受けとった。そして、大木遠吉を団長として内田ら数人が吉野山に登り、後醍醐天皇陵を拝して、奉告したという[50]。

逆に、当事者である喜田は、内閣による南朝正統説の採用決定を伝え聞いて、「其〔南朝正統説〕の論拠は実に大日本史、日本政記の旨趣と同じきものにして、武家時代に於ける、而も当時の不完全なる歴史研究が、王政維新後既に四十余年を過ぎ、史学の研究も大いに進める明治の今日の世論となりて、遂に勝を制するに至りしなり。余亦何をか言はん」と無念の思いを書きとめている。[51]

南朝正統にかんする文部省の措置

南朝正統の勅定とは別に、実際にはさまざまな措置が必要であった。

すでに二月二五日の文部省省議で、教師用教科書で「容易に其の間に正閏軽重を論ずべきに非ざるなり」と記載したものは廃棄し、尋常・高等小学校ともに児童用教科書中、尊氏が「錦旗を押立てて」とあるのは賊の名を避けるためになした姦猾を証明する語として教授するよう注意することを決定、翌二六日、各府県知事に通知した。[52]

文部省からすれば、教科書を改訂するにも手順が必要であった。いちばんの責任者である渡部董之介（大臣官房図書課長）が東京朝日新聞の記者に言明したところによると、そもそも廃棄される教師用教科書は巻一下で、学年の後半、すなわち一〇月から三月のあいだに使用するものであった。よって、四月の新学期が迫っているからといって慌てる必要はなく、今年の一〇月までに修正を加えればよいという。[53]

かたや、教科書籍商らにとっては、寝耳に水の決定であった。教科書籍組合が発送する教師用教科書約二万部[54]の半数は、昨年晩秋に各地特約販売店へ発送ずみであるが、そのほとんどは四月の新学期はじめに売りさばこうと各特約店に滞留されていた。これら教科書を東京の組合に返送する費用、ないし修正教科書を再送する費用などを、文部省と組合のどちらが負担するのか、なんら決まっていなかった[55]。それどころか、もしも修正個所に貼り紙をすることですまさずに教科書を完全廃棄する場合、教師用教科書三万部の損害高約三〇〇〇円、ないしその実費一五〇〇円の賠償問題も浮上する恐れがあった[56]。

一方、意外にも教科書出版会社側は楽観視していたとする報道もある。林平次郎（教科書共同販売所専務取締役）が東京朝日新聞の記者に語ったところによると、問題の教科書は教師用なのでおおかた注意書きを出せばすむ話で、たとえ修正するにしても、南北朝はちょうど下巻の最後の二〇ページなので、これを切り取ったうえで、別途修正個所だけを製作して発送すればよいという。いずれにしても、損害金額は文部省側が負担するはずだというのが林の弁であった[57]。

また、南北朝問題にかんする教科書の修正案が、三月六日の教科用図書調査委員会第二部会で満場一致可決された[58]。修正方針は、児童用・教師用とも南朝正統の主義により、南北朝にかんする記事および歴代表など、全体にわたって根本的に修正するというものであった[59]。

ただし、三月八日に開かれた総会では、第二部会で可決された教科書修正案そのものは採用されなかった。なにぶん一夜作りのもので不完全な個所が多く、このまま出版すれば「第二の教科書事件」を惹起（じゃっき）しかねなかったからである[60]。

つまり総会では、このような大問題は一朝一夕に決するべきものではないので、さしあたり歴代表は別途印刷のうえ各小学校に配布して教授させ、本文の中でも年号など教授上注意を加えるべき事項はそれぞれ訓令・通牒（つうちょう）をもって指示することとし、かつ全体にわたる根本的修正ができるだけすみやかに完了するよう、今後随時（ずいじ）教科書調査委員会を開いていくことを決定した[61]。

総会の決議にもとづき文部省は、三月一〇日付け文部次官（岡田良平）名の各地方長官あて通牒で、「別冊」のとおり教授することを小学校教員へ指示するよう命じた。この「別冊」とは、歴代表から、南朝の長慶天皇[62]と、北朝の光厳・光明・崇光・後光厳・後円融天皇の計六帝、ならびに「南北朝」の呼称を削除したものであった。そして、教科書本文で南北両朝の天皇および年号の並記、ないし「両朝対等的叙述の嫌（きらい）ある廉（かど）」にかんしては、教科書修正完了まで、すべて「別冊」の歴代表にそって教授するよう命じていた[63]。

さらに、三月一四日には文部省訓令第一号を発して、師範学校における各教科内容を規定した「師範学校教授要目」（一九一〇年文部省訓令第一三号）のうち、「歴史本科第一部男生徒ノ部日本歴史第一学年」の「両皇統ノ交立」を「朝廷ト幕府」に、「建武中興」を「建武中興　足利尊氏ノ反」に、「南北朝」を「吉野ノ朝廷」に、それぞれ改めるよう命じた[64]。これは教科書の改訂ではなく、師範学校における教授要目の項目名の変更にすぎないことに、注意する必要がある。

このように、文部省は緊急措置を講じたが、教科書の改訂そのものにはふみこめず、別途急いで行わなければならなかった。

実際の「世論」と文学者たちの反応

メディア報道など表面の言説だけをみると世論は南朝正統論一色にみえてしまうが、実際はどうだったのであろうか。

元陸軍軍医総監の石黒忠悳（貴族院勅選議員）は、南北朝正閏論争をめぐる演説会に出てみて、なかなか熱心な人もいるが、概して聴衆は壮年以上の人が多く、「少年書生」の聴衆は少ないように思われるという。つまり、「少年輩」などは南北朝などということには深い感情を持たないのではないかと山県に報告、危機感をあらわにしている。(65) また、松平康国も、教科書事件で奔走した者が中年以上であることを指摘したうえで、国体や大義名分といったことがまったく「旧思想」に属し、今日の青年が個人の成功に関係のない国家問題にはかえりみないことを慨嘆している。(66)

南北朝正閏問題にたいして、年齢によって反応が異なる側面もあったことは確かである。歴史学者の津田左右吉（満鮮歴史地理調査部研究員、三九歳）は、彼が師事した白鳥庫吉（四七歳）と議論を交えた際、「いはゆる中年以上の人にも少しは新しい考がわかつてゆくのがおもしろいと思つた」と日記に記している。津田と白鳥とは八歳差にすぎないが、白鳥の誕生年と津田のそれとのあいだには明治維新があり、私たちが思う以上に大きな断絶があると考えられていたのかもしれない。(67)

このように、「少年」は「壮年」と違って南北朝正閏問題に関心がないか、関心があっても違う見方をしていた、ないし違う見方をしていると一般的にはみなされていたと推測される。
さて、皇統をめぐる議論の盛りあがりにたいして、冷ややかに見ていたのが、評論家で小説家の内田魯庵（四四歳）である。
「南北正閏論も喧ましいが、大義だの名分だのといふは道徳上の議論で、歴史は事実である」と断言する魯庵は、神器ではなく「政権」の所在から判断して、当時日本において号令していたのは北朝であって、南朝は吉野の僻陬〔遠い片いなか〕に潜在していたにすぎないという。つまり、「歴史はサイヤンス〔サイエンス〕である。道徳上から見て憂ふべき事だと云つて、事実を曲げる事は決して出来ぬ」のである。ただし、教科書として小学児童に授けるものに、従来の伝統を破壊するような高等批評を加える必要があるかどうかは別問題であり、さらに政治問題としての価値もまた別である。結局、文部省が歴史家をして編纂させたのがそもそものまちがいで、こんなものは宮中顧問官あたりに作らせればよかったのだ(68)。

このように魯庵が書きつけた「魯庵随筆」には、吉田悦志がいうところの「彼の本音」が盛りこまれていたが、結局は大逆事件への自由な感想などを公表することの危険性から、行李の奥底に隠さざるをえなかったのである(69)。

魯庵の一歳上の夏目漱石（四五歳）も、同じく醒めた眼で事態をみていた。笹川臨風から『南朝五十七年史』を送られた漱石は、本の内容にはいっさい触れない形式的な礼状を書きつつ、追伸のなかで後醍醐天皇の筆跡について「左程にも無之思はれ候が、如何にや」と率直な感想を吐露していたのである(70)。おそらく当時の漱石にとって、同時期に起こった文学博士辞退問題のほうがはるかに重要だったのである。[71]

かたや、漱石と同年の幸田露伴（四五歳）は、違った反応を示した。露伴は、教科書は「世の定案」に従って書くべきであり、それに異議あるときもまず学界で争って全勝を得て、定説と認められるにいたってからはじめて児童に課すべきものなのである。このように、喜田ら教科書編纂委員の不用意を認める露伴は、教科書のすみやかな改訂が得策と考えていた。露伴からすれば、「真妄倶妄、歴史詩にしかず」というように、そもそも文学のほうが歴史学よりも上位に位置するものであった。[72]

「第一の政治決着」を受けて

こうして、一時は衆議院における内閣弾劾決議案の提出と、元老の山県の激怒などによって苦境に陥った桂内閣も、「第一の政治決着」によって政治危機を乗りきった。

桂にとってこの政治危機がいかに深刻なものであったかは、後年桂が人に「予は予の生涯に於て、当時の如く痛心したる事無かりき」と語ったことからもうかがわれる。[73] 同じく後年、桂が大隈重信に語った談として、日露戦争での苦労や大逆事件での憂懼〔恐れ心配すること〕も、南北朝正閏問題にくらべれば同列でない。南北朝正閏問題では、上は九重の軫念〔天皇の心配や憂慮〕を、下は国論の激昂を、そして中は元老の呵責を畏れたのであり、内閣崩壊の可能性も十分にあったと語ったという。[74] よって、桂は政治危機の深刻さに気づいたあとは、迅速に行動したといえよう。

元文部官僚の九鬼隆一（枢密顧問官）は、この至大問題を未決のままにすれば日本の根軸である忠節道義の適所を失い、「帝国人心の潰乱に継ぐに暴乱騒擾を以てするの虞」があったことを指摘したうえで、桂が南朝正統を確定してその恐れを取りのぞいたことをほめたたえた。あまりのうれしさに九鬼は、松方正義夫妻の金婚祝賀に贈ったのと類似の松上鷹の画幅を桂にも謹呈したのであった[75]。

一方、桂内閣の一連の政治決着によって、これ以後、南北朝正閏問題は桂内閣弾劾のための武器としては機能しなくなったと考えられる。

もちろん、あきらめきれない犬養毅は、三月三日、松村雄之進（福岡県出身の元衆議院議員）にたいして、この際「志士」が奮起しなければ尊氏も正成も同一視されるだけでなく、三種の神器も「翫器」（おもちゃの器）と同一視され、皇室典範がもっとも大切にする即位式もその神聖が傷つけられる恐れがあるとして、奮起を促す書簡を送っている[76]。

また、三月一五日、村松恒一郎（国民党、非改革派）が質問書を衆議院に提出したが、政府による教科書改訂の約束をふまえたうえでの責任追及というものであり[77]、政府攻撃はもはや有効なものとはいえなかった。

一方、大日本国体擁護団も一応運動を継続し、三月上旬には第二の檄文「如何なる倫理的思想を抱けるものが反南朝正統論者なるか」を発送した。これは、非南朝正統論者であるとして沢柳政太郎・浮田和民・久米邦武・中島徳蔵をあげ、擁護団からみて天皇や国家に不忠である（とみなされた）過去の言説を非難するものであった[78]。

また、国体擁護団の幹事である三塩熊太・内田旭・後藤秀穂の連名で、三月五日の『日本新聞』に「問題は尚解決されず（元兇は別に在り）」という一文を寄せた。これは、「元兇とは誰ぞ、文学博士三上参次これ也」と、帝国大学史学科最高席教授・史料編纂所最高席委員・国定教科書歴史部最高席委員として「史界の覇権を一身に掌握」しながら、「南北並立の毒パチルス（「バチルス（細菌）」のまちがい）を八方に振り播」く三上を槍玉にあげるものであった。喜田が休職となった以上、それを上まわる「元兇」を設定する必要があったのであろう。(79)

しかしながら、三上が教科書調査委員を三月一一日付けで罷免されると、事実上の運動目標を失ったため、三月一四日、富士見軒で「正論」勝利の記念と団体解散の宴会を開催、国体擁護団という組織も交遊倶楽部ないし社交団体である「友声会」に切り換えた。(80)

また、『読売新聞』とならんで南北朝正閏問題をあおっていた『万朝報』も、政府が専権をもって行った喜田の休職処分と教師用教科書の使用禁止、児童用教科書の修正措置をもって、「世論の勝利」に帰したのである。(81)

註

（1）井上通泰の簡単な伝記については、『井上通泰伝記（初稿）』（柳田国男・松岡家顕彰会記念館、一九八一年）や、昭和女子大学近代文学研究室「井上通泰」昭和女子大学近代文学研究室著『近代文学研究叢書』四七巻（昭和女子大学近代文学研究所、一九七八年）を、井上と森鷗外の関係については浜崎美景「井上通泰と鷗外」『国文学——解釈と鑑賞』四九巻二号（一九八四年）を、それぞれ参照。

（2）森銑三「井上通泰先生のことども」『森銑三著作集』一二巻（中央公論社、一九七一年）。

（3）小林勇『蝸牛庵訪問記』（岩波書店、一九五六年）七四頁。
（4）柳田国男「故郷七十年」『柳田国男全集』二一巻（筑摩書房、一九九七年）一一九頁。
（5）二月二〇・二三日付山県有朋宛井上通泰書簡、『山県文書』一巻一九〇～一九二頁。
（6）中嶋敏「市村瓚次郎」江上波夫編『東洋学の系譜』（大修館書店、一九九二年）二六～三五頁。「市村瓚次郎」（石田幹之助執筆）『国史大辞典』一巻六五九頁。
（7）賀古鶴所については、澤井清「賀古鶴所と鷗外」『国文学――解釈と鑑賞』四九巻二号（一九八四年）を参照。鷗外の小説『ヰタ・セクスアリス』の古賀鵠介（こくすけ）のモデルは賀古だといわれている。
（8）『森鷗外日記』二月二三日条、『鷗外全集』（岩波書店、一九七五年）三五巻五一六頁。
（9）『森鷗外日記』二月二七日条、同右。
（10）同右二〇巻二七～一六二頁。
（11）『鷗外近代小説集』（岩波書店、二〇一二年）六巻四～五三頁。
（12）一九一八年一二月一七日付山田珠樹宛森鷗外書簡、前掲『鷗外全集』三六巻五二九～五三〇頁。
（13）大塚美保・酒井敏「解題」前掲『鷗外近代小説集』六巻三九八頁。
（14）森銑三「鷗外断片」『森銑三著作集続編』五巻（中央公論社、一九九三年）二九九頁。
（15）「文芸断片」『東洋』一九一一年四月号、中島国彦『森鷗外――学芸の散歩者』（岩波書店、二〇二二年）一七五頁。
（16）大塚美保「国家を批判し、国家を支える――鷗外「秀麿もの」論」『文学』八巻二号（二〇〇七年）。同「森鷗外と大逆事件――彼の知り得た情報、および見解発信のあり方に関する覚え書き」『聖心女子大学論叢』一一〇号（二〇〇八年）。
（17）ちなみに、「五条秀麿」ものにはほかに、「吃逆（しやくり）」（一九一二年五月）、「藤棚」（一九一二年六月）、「鎚一下（つちいっか）」（一九一三年七月）があり（いずれも、前掲『鷗外近代小説集』六巻に収録されている）、これらはいずれも旧思想と新思想との対立を扱ったものである。中島国彦は「この連作は、その後も書かれるが、内容的発展が必ずしも見られなかったところに、鷗外のぶつかった問題の難しさが感じられよう」としている（前掲中島『森鷗外』一六四頁）。
（18）井上通泰の実話、『山県伝』下巻七七五～七七六頁。

(19)『山県伝』下巻七七二頁。山県の生涯については、岡義武『山県有朋──明治日本の象徴』(岩波書店、一九五八年)を参照のこと。
(20)高橋義雄「公の正閏論」『山公遺烈』(慶文堂書店、一九二五年)三九～四一頁。
(21)同右四〇頁。政友会総裁となった伊藤博文が宮中に参内した際、天皇の側にいた山県が「明治尊氏来る」といったというエピソード(前掲牧野「先朝遺聞」四八八～四八九頁。第二章註78にあるように、大隈重信もこのエピソードを聞き知っていた)も、同様の観点からによるものであろう。
(22)前掲牧野「先朝遺聞」五二七頁。
(23)同右五二七～五二八頁。
(24)『山県伝』下巻七七五～七七六頁。ただし、後述するように、現存する山県の桂あて書簡でこの時期のものは二月二七日のものである(『桂文書』四三七～四三八頁)が、この書簡には「大義親を滅す」という文言はなく、井上の記憶ちがいか、井上のいう書簡が散逸したかのどちらかであろう(前者の可能性が高い)。また、徳大寺への書簡には、山県自身の回顧によると、「自分は南朝の臣と為つて死するを屑しとする」という文句があり、徳大寺によって明治天皇の一覧に供されたという(前掲高橋『山公遺烈』四〇頁)。
(25)二月二四日付山県有朋宛寺内正毅書簡、『山県文書』二巻三九四～三九五頁。
(26)二月二五日付寺内正毅宛山県有朋書簡、「寺内正毅関係文書」三六〇─八三(国立国会図書館憲政資料室所蔵)。
(27)前掲廣木『アカデミズム史学の危機と復権』一四八～一四九頁。
(28)ただし、閣内には勅裁は避けるべきだと考える閣僚も存在した。たとえば、平田東助内相は「勅裁を仰く様之事ありては大変」であり、枢密院に諮詢することも容易ならざることなので、内閣の責任をもって決定すべきだというのが彼の本意らしかった。ちなみに平田は、小松原文相に引責の必要はないとの意見でもあった(二月二五・二六日付山県有朋宛二宮熊次郎書簡、『山県文書』三巻四六～四八頁)。
(29)『原日記』二月二五日条。前掲野村「安定的な皇位継承と南北朝正閏問題」七頁。
(30)二月二六日付山県有朋宛桂太郎書簡、『桂書翰』四二一頁。
(31)同様に桂は、二月二七日に元老の井上馨へ書簡を送り、「我々脳中些かたりとも不審を生せさる南北幷立論を論議するに至り、大義名分を誤まる一大事件に付、此際に於而断然たる所置に出」る必要が生じたことを、弁明的に報告している（二月二七日付井上馨宛桂太郎書簡、『桂書翰』一三三頁）。

（32）宇野俊一校注『桂太郎自伝』（平凡社、一九九三年）四二頁。徳富猪一郎編『公爵桂太郎伝』（原書房、一九六七年、以下『桂伝』と略記）乾巻三一六頁。桂の生涯については、拙著である前掲千葉『桂太郎』を参照のこと。

（33）二月二七日付桂太郎宛山県有朋書簡、『桂文書』四三七〜四三八頁。

（34）『原日記』二月二七日条。「文部編修文学博士喜田貞吉休職ノ件」（「任免裁可書　明治四四年　任免巻三」、国立公文書館所蔵、請求番号：任B00599100）。「閣議南朝説に決す」『万朝報』三月二日。

（35）「徳大寺実則日記」二月二八日条（宮内庁書陵部所蔵）。野村玄は公文書を用いて、桂が仰いだ「聖裁」の内容を詳細に分析している（前掲野村「安定的な皇位継承と南北朝正閏問題」一四〜一六頁）。

（36）「枢密院会議筆記　一、御歴代ニ関スル件　一、世伝御料中解除ノ件　一、銃砲火薬類取締法施行規則」（国立公文書館所蔵、請求番号：枢D00310100）。

（37）ちなみに、南朝の長慶天皇にかんしては、在位について史家でも議論が一定せず、宮中での取り扱いも確定していないとして、とりあえず歴代には加えなかった。

（38）「徳大寺実則日記」三月一日条。

（39）前掲牧野「先朝遺聞」五二九頁。これにたいして、万一天皇が聴なかった場合は「尸諫」（死をもって諫言すること）を行うつもりであった山県も、雲が晴れて日を見るような気がして、感激のあまり涙ながらに退出したとする。

（40）前掲野村「安定的な皇位継承と南北朝正閏問題」一八〜一九頁。天皇が先回りして山県に、南朝正統は議定して久しい旨のことをいったとの話は、峰間信吉ら運動家のあいだにも伝わっており、彼らは真実であると信じこんでいた（前掲峰間「南北朝正閏問題顛末」一八頁）。

（41）「喜田回顧」一五六〜一五七頁。このあと二〇年以上経ったところ、喜田が元宮相の田中光顕に尋ねたところ、田中も実際そのような決定があったことを知らなかった。よって、喜田が「併しそれでは大臣としての御責任がすみますまい。のみならず事実上文部省は宮内省にだまされた為に、あんな教科書を書いて飛んでもない大問題を惹き起し、其の執筆者としての喜田は首になつたのですが、それはどうして下さいます」と冗談を言ったところ、田中は苦笑しながら「今更引責辞職も出来まいで喃」と返したという。

(42) 加藤は一九〇三年としているが、おそらく一九〇七年の記憶ちがいであろう。
(43) 「枢密院委員会録　自明治三十二年至大正四年」(国立公文書館所蔵、請求番号：枢B00001100)。
(44) 同右。野村は審議の実情を、「実際には全会一致とはいうものの、これまで決定しようにも決定できず、また本来は決められないものを押し切る形で枢密院において議論されていた」と的確にまとめている(前掲野村「安定的な皇位継承と南北朝正閏問題」二〇〜二一頁)。
(45) 「教科書改訂着手」『万朝報』三月四日。『原日記』三月六日条。
(46) 「御歴代ニ関スル件」(「枢密院御下附案　明治四十四年　巻上」、国立公文書館所蔵、請求番号：枢A00041100)。「御歴代ニ関スル件」(「公文類聚　第三十五編　明治四十四年　第一巻」、国立公文書館所蔵、請求番号：類01109100)。
(47) 前掲野村「安定的な皇位継承と南北朝正閏問題」二二〜二四頁。
(48) 宮内庁編『明治天皇紀』一二巻(吉川弘文館、一九七七年)五六五頁。また、三上の回顧にも、いつの時代のものかわからないが、南北朝で取り扱いを異にすべからずといった明治天皇の御沙汰があったとしている(『三上懐旧談』二一八頁)。
(49) 『山県伝』下巻七七五〜七七六頁。
(50) 『内田回顧』七〜八頁。犬養も「挺身排曲学　／　正閏筆删新　／　孤憤千秋下　／　聊将報聖神」といった五言絶句を残している(『犬養伝』八六一頁)。
(51) 前掲喜田「南北朝論」四三三頁。
(52) 二月二五日付桂太郎宛小松原英太郎書簡、『桂文書』一九一〜一九二頁。「教科書廃棄　文部省の通牒」「教科書の廃棄(南北朝問題解決の第一歩乎)」『東京朝日新聞』二月二七日。「教科書問題解決　教師用歴史書廃棄」『国民新聞』二月二七日。「読本改訂通牒」『東京日日新聞』二月二八日。「南朝論の勝利　教科書廃棄さる」『東京朝日新聞』二月二八日では、二七日に通牒を発したとしているが、二六日のまちがいである。
(53) 「南北朝問題善後策　書肆側は楽観し　文部省は議紛々」『東京朝日新聞』三月一日。
(54) 三万部とする記事も複数あるので、教師用教科書の発行部数は二〜三万部であると思われる。
(55) 「南朝論の勝利　教科書廃棄さる」『東京朝日新聞』二月二八日。
(56) 「全く文相の責任」『万朝報』二月二八日。

(57)「南北朝問題善後策　書肆側は楽観し　文部省は議紛々」『東京朝日新聞』三月一日。
(58)「教科書修正協議」『読売新聞』三月七日。「歴史読本修正」『東京日日新聞』三月七日。「教科書修正可決」『万朝報』三月七日。
(59)「教科書修正答申」『東京朝日新聞』三月八日。「歴史教科書改訂決定」『東京日日新聞』三月八日。「教科書改訂言明」『万朝報』三月八日。
(60)「教科書委員総会」『万朝報』三月九日。「教科書問題総会」『東京朝日新聞』三月一〇日。また、総会前日の三月七日に、小松原英太郎文相が貴族院予算委員総会において徳川達孝・高木兼寛の質問にたいして詳細明確に改訂を言明してしまったことから、教科用図書調査委員の多くが事後承諾のため形式的に総会を開くのかという慊焉たる気持があったことも、文部省の要求する根本的修正案の即決がされなかった原因だという（「両院予算総会　貴族院」『読売新聞』三月八日。「教科書改訂言明」『万朝報』三月八日。「貴族院予算総会（全部原案を可決す）」『東京朝日新聞』三月九日）。
(61)「歴史教科書修正会議」『東京日日新聞』三月九日。
(62)南朝の長慶天皇までも削られたのは、『国民新聞』によると、長慶天皇を一代として数えるものと数えないものとの二説があるため、小学程度の歴史ではこれを教えないのを可としたためだという（「御歴代表の修正」『国民新聞』三月一二日）。いずれにしても、本章註37からわかるように、すでに枢密院への諮詢段階で長慶天皇は歴代表からはずされていた。
(63)「北朝天皇削除（御歴代表訂正）」『東京朝日新聞』三月一一日。「御歴代表訂正（教科書改訂の先駆）」『読売新聞』三月一一日。「御歴代表改正」『万朝報』三月一一日。「御歴代表訂正」『二六新報』三月一一日。「御歴代表の修正」『国民新聞』三月一二日。のち一九二六年に長慶天皇を皇統に加える詔書が発せられた結果、明治天皇は第一二二代となる。
(64)内閣官報局編『明治年間法令全書』四四巻―九（原書房、一九九二年）九五～九六頁。廣木は、「南北朝」という問題系そのものを抹殺するために、桂内閣が採用したのが「吉野朝」という概念だったという。すなわち、「南朝」と「吉野朝」とは同じものを指しながら正反対の性格を持っており、「南朝」概念であれば、大義名分を盾に「草莽」「忠臣」である自分たちが「権門」である政府に立ち向かうという、大日本国体擁護団によくみられた『太平記』的対抗図式を許すことになるのにたいして、「吉野朝」概念であれば、そもそも天皇は一人しかいないのだから正閏の問題は生じようもなく、よって「草莽」の出番がなくなる代わりに、逆に権威に従順な「忠臣」「臣民」を要請することになって、そこに桂内閣が「吉野の朝廷」にこだわった真意があるという（前掲廣木『アカデミズム史学の危機と復権』一四九〜一五〇頁）。非常に興味深い指摘であるが、事態の性格、ないし残存史料の状況からいって実証のしようがないので、ここでは有力かつ興味深い仮説として紹介するにとどめたい。

(65) 三月四日付山県有朋宛石黒忠悳書簡、『山県文書』一巻七二〜七三頁。

(66) 松平康国「国定教科書事件に関連せる七不思議」『国体之擁護』一三八〜一三九頁。

(67) 「其の日其の日」三月二二日条、『津田左右吉全集』二六巻（岩波書店、一九六五年）四五二頁。三月二四日には、今度は五歳年下の同僚池内宏と「南北朝論から文明の前途といふやうな方面に話が飛んで、例の議論に時をうつした」という（「其の日其の日」三月二四日条、同上四五八頁）。

(68) 「日記」三月二日条、野村喬編『内田魯庵全集』別巻（ゆまに書房、一九八七年）六〇一〜六〇二頁。ただし、渡辺義雄「内田魯庵と大逆事件――『自筆本　魯庵随筆』大逆事件関連記事の翻刻と注解」（一）『宮城教育大学紀要』二四巻一分冊（一九八九年）一九二頁によると、「南北朝統一」は「南北朝一統」の翻刻まちがいである。

(69) 吉田悦志「内田魯庵と大逆事件――啄木・蘆花・修との関連において」『文芸研究』四三号（一九八〇年）一五一、一五五頁。

(70) 六月二五日付笹川臨風宛夏目漱石書簡、『定本漱石全集』二三巻（岩波書店、二〇一九年）四八〇頁。前掲長山『人はなぜ歴史を偽造するのか』七六頁。

(71) 江藤淳『漱石とその時代（第四部）』（新潮社、一九九六年）三七一〜三八九頁。

(72) 「六十日記第三」二月二六日条、『露伴全集』三八巻（岩波書店、一九七九年）五〇〜五二頁。この日記の発言の主語が書かれていないため、場合によっては同日条冒頭に出てくる兄の郡司成忠の発言ということも考えられるが、「楞伽経（りょうがきょう）」といった露伴得意の仏教知識からのたとえが引かれていることから、この発言の主体を露伴と判断した。

(73) 『桂伝』坤巻五二〇頁。

(74) 前掲牧野「先朝遺聞」五三一頁。

(75)三月四日付桂太郎宛九鬼隆一書簡、『桂文書』一五二〜一五三頁。
(76)三月三日付松村雄之進宛犬養毅書簡、鷲尾義直編『犬養木堂書簡集』(人文閣、一九四〇年)一〇九頁。
(77)『犬養伝』八四五〜八四六頁。「教科書改定に関する質問」『東京朝日新聞』三月一六日。この村松の質問書提出にたいして、教科用図書調査委員会委員長の加藤弘之は三月一六日、小松原文相に書簡を送って、ゆるすかぎり真相を明らかにするよう求めた。なぜなら、そうしないと、文相や教科書調査委員会が「冤罪(えんざい)」を受けると考えたからである。しかし小松原は、宮内省との関係をうんぬんするのは内閣の旨趣にあらずとして、国務大臣の責任で処理するつもりであった(三月一六日付小松原英太郎宛加藤弘之書簡、『小松原事略』八九頁)。
(78)「三塩解決」三八三頁。
(79)同右三八三〜三八五頁。
(80)同右三八七〜三九〇頁。大日本国体擁護団が友声会となってからは「史料編纂科(史料編纂掛のこと)及大学派」の「諸君子」を「吾等の迎ふる正面の敵」に設定するようにした(同右三九〇〜三九二頁)が、マーガレット・メールのいうように、帝国大学系の歴史学者が「逃避」して真正面から言説を展開しなくなった以上、友声会の政治活動は有効性を失ったといえよう。
(81)『万朝報』三月二四日。前掲渡邉「『南北朝正閏問題』と新聞報道」二六九頁。

第六章

南北朝正閏論争の構造

1　正統性をめぐって

「正統」とはなにか

前章まで、政治・社会問題と化した南北朝正閏問題の経過を、えんえんとみてきた。実は、南北朝正閏問題は政治・社会問題となっただけでなく、皇統の正統性をめぐる論争を広範にまきおこしたところにもその特徴がある。よって、本章では南北朝正閏論争の構造について扱いたいが、その内容に入る前に、日本における「正統」概念とはなんだったのかについて、かるく触れておきたい。

後半生をあげて「正統と異端」研究に真摯（しんし）にむきあい続けた丸山眞男によると、「正統」にはO正統とL正統の二つがあるという。

O正統のOとは**Orthodoxy**であり、宗教等の教義における正統性を指す。その対立概念は「異端（Heresy, Heterodoxy）」となる。いわゆる「正統と異端」である。かたや、L正統のLとは**Legitimacy**であり、政権等の統治における正統性を指す。(1)

丸山によると、複雑なことに漢語としての「正統」には、O正統（道統）とL正統（治統）の二つがあった。さらに、後者のL正統（治統）にも、広狭の二義があった。広義の王朝継承関係の意味での「正統」の対立概念は「簒奪」となる。それにたいして、より狭く同系王朝のなかの複数的な王位継承候補者の意味での「正統（正系・正）」の対立概念は「傍系」または「閏位」などと呼ばれると丸山はいう(2)。

ちなみに、私が思うに、ヨーロッパ語では「正統（legitimacy）」の対立概念は「偽（falsity）」になるのではないか。よって、漢語の「閏」に厳密な意味で対応するヨーロッパ語はないと思われる（私は**spare**が比較的近いと思うが、どうだろうか）。

さて丸山は、さらに日本においては、中国とも異なる独特の正統論になるという。すなわち、『神皇正統記』などにみられる日本のL正統は、王朝継承関係、すなわち、よそからきて権力を奪うという「簒奪」がないため、同系王朝のなかの王位継承のみが問われることになる。よって、徳治主義的正統性を問う中国正統論にたいして、日本では皇統一系的正統性を問うものとなり、中国思想の日本化といえるという。実際、後述するように、日本の漢学者は万世一系における「正しき皇統」の意味で「正統」を用いるのである(3)。

以上のように丸山は用語を設定したうえで、O正統がL正統へ転化する現象の究明に全力をあげた。そのため、もっぱら過去の南北朝時代におけるL正統そのものをめぐって深刻な政治・社会問題と化した南北朝正閏問題にかんしては、丸山はほとんど語ってくれない（南北朝正閏論が、「国体論」をめぐるO正統論争のカテゴリーに入れて論じることができることを指摘するぐらいである）。本書が南北朝正閏問題に徹底的にこだわるのも、そのためである。

ちなみに、南北朝正閏問題において南朝正統論に大きな影響を与えた『神皇正統記』と『大日本史』における「正統」の取り扱いについても、簡単にみておきたい。

『神皇正統記』における「正統」とは、神武天皇にはじまり後村上天皇にいたる父子一系の血統をいう。この系列に属する天皇は「第〇〇世」と表示される。この一系の血統こそが「まこと」（真実）であり、〈皇位継承の本体〉であるとみなされた。もちろん、著者の北畠親房は南朝方の公家なので、南北朝時代にかんしては後醍醐―後村上が「正統」とされる。そして、『神皇正統記』においては、「正統」の対立概念は「傍」「かたはら」（傍流）とされた[4]。

一方、水戸藩の『大日本史』は、林家（林羅山・鵞峰）の二元的正閏説（南北両朝の帝号・年号を並記し、両者のあいだに軽重の差をつけない）を断固排して南朝正統説を採用したことが、三大特筆の一つとなった。具体的には、天皇の伝記にあたる「本紀」には南朝の天皇のほうを採用し、北朝にかんしては「北朝五主紀」を「後小松天皇紀」のはじめに掲げることで処理した（もともとの旧「紀伝」では、北朝五主は「本紀」ではなく、臣下の伝記にあたる「列伝」に降ろしてさえいた[5]）。また、南朝は「〇〇天皇」と呼称するのにたいして、北朝は「〇〇院」ないし「〇〇帝」と呼称することで差別化する。

「論争」の特徴とその「構造」

世論が沸騰して、南北朝正閏問題が大きな政治・社会問題と化すと、多くの論者がメディアに談話や論説をよせるようになった。過去に属することとはいえ、現皇室にもつながる皇統の是非をめぐって、メディアで大々的に論争が行われたのであるが、このこと自体が南北朝正閏問題のいちばんの特徴である。しかも、論争にたいして検閲が行われた形跡はまったくみられない。元老の山県有朋は南北正閏の是非以上に、皇統をめぐって人びとが言いたい放題であることに、苦虫をつぶしていた。

また、本章のタイトルや小見出しでは「論争」の「構造」としたが、厳密には「論争」や「構造」とはいえない。各自がまるで信仰告白のように、自分のスタンスを表明するために言い放しをするだけで、話はほとんどかみあっていない。特定の論者を非難する場合、相手の言説を正確に読みとったうえで反論するといった作法やかまえも、もちろんとらない。そのため、実は「論争」も「構造」というほど体系立ったものでなかったことは、最初にことわっておきたい。

南北朝正閏論争にかんして、史学史において刺激的な研究をしている廣木尚（たかし）は、「極言すれば」とのことわりつきで、次のようにいう。すなわち、北朝正統論・両朝並立論・南朝正統論の三者とも国体論を共有していたことを指摘したうえで、その違いを、血統に従うか、「臣民の分」を守って南北両朝に軽重をつけないという判断停止の立場をとるか、「道義」を優先するか、の違いにすぎないとまで言いきる。(6) しかし、こう書いてしまうと話は続かないので、もう少し述べておきたい（以下本章では、各言説の典拠は巻末の言説分析原典一覧における番号（1）～（88）を、〔　〕で表記する）。

2　北朝正統論と南北朝対立論

北朝正統論

南北朝正閏論争では、ごく少数の北朝正統論と圧倒的多数の南朝正統論とが激烈に対立したが、実は両者は「正閏（せいじゅん）」という枠組みに準拠している点では共通している。「正閏」という枠組みに準拠したうえで、南北朝のどちらが「正統」で、どちらが「閏統」であるかを争ったのである。そのため、北朝正統論者の浮田和民（かずたみ）や吉田東伍（とうご）にしても、年少のころは頼山陽『日本外史』などによって教育されたため南朝正統論者であったのが、壮年になって北朝正統論者に転じたのだという〔(1)(4)〕。

北朝正統論者は、北朝のほうが人心掌握や実勢力の点で、事実上優位であったことを論拠にすることが多い。

早稲田大学で政治学などを講義していた浮田和民（五三歳）[7]は、勢力の強弱をもって正閏の標準とすべきではないとしたうえで、「天意人心南朝に嚮（むか）はず北朝に帰したから、事実上の正統を以（もっ）て法理上の正統とする迄（まで）である」と、事実問題を法理問題よりも上位に置く。浮田は、後鳥羽天皇や天武天皇の事例から、「正統の皇系であり先帝の譲位があつたにしても、実際その御政治に民心帰服せざれば正統の天子と申す事は出来ぬ」というように、皇系の正閏を判断するにあたって、「天下の帰順」「民心帰服」「天下の民心順服」という条件を特に重視する〈1〉。

また、浮田は、中古以来世の中は武家政治でなければいけない時勢になったとする。そのようななか、建武中興や南朝といった公家政治をめざすのは悪政治なのである〈1〉。このような浮田の武家政治擁護論は、明治維新が王政の回復であったことを考えると、明治維新を否定しかねないものであった。いかに「自由討究の精神」を希求する浮田〈2〉にしても、ずいぶんと思いきった、勇気の要る発言である。実際、浮田への南朝正統論者からの攻撃が特に激しかったのも、よくわかる。

次に、同じく早稲田大学史学科講師の吉田東伍（四八歳[8]）いわく、南北朝といってもその実武門の権力争奪問題であって、南北いずれを正統にしても現帝室にはなんら影響はない〈3〉。また、伊藤博文『皇室典範義解』にいうように、南北朝時代は「皇家の変運」であって、「実際に両日、水火の争を現出」、すなわち二人の天皇が並存したのだという。そのうえで吉田は、北朝の系統はますます栄え、南朝の系統は衰滅に帰したという一点からみても、常識から考えて北朝が正統であると断言する〈4〉。

吉田によると、南朝正統論者は神器の所在をもって正統の皇位とするが、それでは禁闕の変（一四四三年）や長禄の変（一四五七年）によって、京都の朝廷と後南朝とのあいだを神器のうち璽（八尺瓊勾玉）が行ったり来たりするなど、説明上不都合が生じる。よって、「国法上、人心上より云へば、どうしても正統の皇位は、国家の威力の存する処でなければならぬ」という。すなわち吉田は、「国家の威力」の存する北朝を正統とするのである〔4〕。

南北朝対立（並立）論

南朝正統論者や北朝正統論者にたいして、南北朝対立（並立）論者は、「正閏」という枠組みは実態にあわないとして、その枠組みに準拠しないで説明する。ただし、南朝正統論者からすれば、自分たちに与しないことをもって、南北朝対立論者は北朝正統論者と同一視され、攻撃されたのであった。

一八九二（明治二五）年の久米事件で帝国大学文科大学教授を非職となったあと、当時早稲田大学教授となっていた久米邦武（七三歳）[9]いわく、日本は中国とは国体がまったく異なっており、歴史経過のなりゆきで一時両帝（安徳帝と後鳥羽帝、南朝と北朝）が立ったときもあったが、このときも帝室の日本一統はくずれていない。帝室のことを臣下の党派にまで投じてかれこれいうのは、不謹慎・大不敬である。ただ足利尊氏が逆臣であるから尊氏に奉戴された北朝も閏統だというのは、坊主憎けりゃ袈裟まで憎いのたぐいであって、けしからぬ、と。このように、久米も南朝正統論者の重視する大義名分そのものを否定することはないが、その大義名分が正しく理解されていないと批判するのである〔5〕。

久米は他の談話記事でも、中国の大一統と日本の万世一系との違いを、縷々説明する。そのうえで久米は、南北朝を会社にたとえると社長が二人できたようなものだが、大切な「根帳」（台帳のこと）は京都にちゃんとしていた。すなわち、遺憾ながら当時の日本には天に二日あったが、国家はやはり平時と少しも変わりはなかったというのである。久米はまた、「教科書にはお芝居の儘(まま)でも何でも善(よ)いさ。而(しか)し私が歴史家の立場として事実を語ると、南朝正統論等は馬鹿〳〵しくなる」〔6〕。久米によれば、歴史事実には児童の前で口にするのも忍びえないものも多いが、そのようなものは「選択」して、ことごとく捨てればよいのだともいう〔8〕。

ちなみに、田岡嶺雲(れいうん)(四二歳)[10]は、逆に南朝正統論の立場から、「小学校の歴史教育は較々(やや)進歩せるお伽噺(とぎばなし)にて可(か)ならんのみ」と言いきるように、義務教育の歴史を低くみる意見も少数ながら存在した〔69〕。

さて、南北朝正閏論争では、喜田貞吉とともに事件の元凶として非難された三上参次(さんじ)(四七歳)も、メディアにおいて自己の見解を表明している。

三上いわく、足利尊氏・楠木正成(まさしげ)・新田義貞(よしさだ)ら臣下レベルでは忠奸邪正は明らかであるが、尊氏に擁立された北朝の天子には欠点がない。また、一時の変として天に二日(にじつ)があったことも認めなければならない。易姓(えきせい)革命の国である中国では正閏論も必要であるが、日本のように絶対に革命のない国体では正閏論を応用するのは無用である〔10〕。このように三上は、南北朝対立説を盛りこんだ国定教科書の立場を強く擁護したのである。

ちなみに三上は、南北朝時代が天に二日(にじつ)あった「変体」でありながら、国体としては問題ないことを説明するために、河が一時岩によって二流に分かれながら、やがて再び合流するたとえ話をよく用いる〔11〕。また、日清・日露戦争における日本人兵士にみるように、南北両朝に軽重をつけて教えられなくても、君国に忠愛なることは十二分に可能なのである〔12〕。すなわち、三上にとっては、研究（純正史学）はもとより、教育（応用史学）においても、南北朝並立のほうがよいということになる。

久米・三上のほかの南北朝対立論者として、松井柏軒（四六歳[11]）・与謝野晶子（三四歳[12]）・堀尾石峰（太郎、年齢不明[13]）があげられる。

藩閥系新聞『やまと新聞』の記者である松井柏軒は、従来宮内省の歴代陵墓にたいする取り扱いからいっても、また南北両朝とも後嵯峨帝から出ていることからいっても、正閏軽重を論じる必要はないとする(13)。歌人の与謝野晶子は、短い文章のなかで六回も「皇室の御内輪争ひ」を連呼するように、一時南北の二帝をいただいただけであって、南北のいずれも神聖な皇統であり、その間に正不正などという不敬な批判は起こらないはずだと主張する(14)。さらに、『教育時論』の記者である堀尾石峰は、南正北閏論が明治維新の一大動機であったことを認めたうえで、時代の変わった今日は考えなおす必要があるという。堀尾自身は「南北両正論」をとり、後醍醐天皇のとき皇位は両分し、のち合一したと解釈するのである(15)。

3　南朝正統論

事実上根拠を示さないもの

南朝正統論のうち圧倒的多数は、「正閏」という枠組みに準拠して持論を展開している。特に、当時六〇歳前後以上の者、すなわち楫取素彦（八三歳）[14]・北畠治房（七九歳）[15]・大隈重信（七四歳）[16]・小牧昌業（六九歳）[17]・高島鞆之助（六八歳）[18]・千家尊福（六七歳）[19]・伊沢修二（六一歳）・目賀田種太郎（五九歳）[20]・杉浦重剛（五七歳）[21]は、そもそも南北朝正閏などわかりきったはずの話で、南朝正統で決まりきっているではないかと、切って捨てる態度をとる。すなわち、「今さら之れが紛更を試むるの余地はないではない乎」（楫取（⑯））、「国論の既に一定して居る所」（北畠（⑰））、「定り切つた問題である」（大隈（⑱））、「分り切つた話ぢやないか」（高島（⑳））、「既に確定した問題ぢやないか」（千家（㉑））、「分り切つた問題である」（伊沢（㉒））、「今に於て何をか論すべき」（目賀田（㉓））、「最早議論の余地は存せざるに非ずや」（杉浦（㉔））というぐあいである。

　よって、これらの論者は南朝正統の根拠について何もあげないことが多いが、あげたとしても、せいぜい神器の所在（楫取（⑯）・北畠（⑰））や、皇室が南朝正統を認めていること（大隈（⑱）・小牧（⑲））、もしくは『神皇正統記』（目賀田（㉓））や『太平記』（杉浦（㉔））に触れる程度である。また、このことから、高島（⑳）や杉浦（㉔）は学者批判へ、千家（㉑）や伊沢（㉒）は文部省批判へとつなげており、それぞれ後者のほうにウェイトがあったと思われる。

　それが、六〇歳前後以下になるといろいろ根拠を語る論説が出てくるが、なかには秋元興朝（五五歳）[22]や江木衷（五四歳）[23]のように、六〇歳代以上と同じような反応をする者もいる。すなわち、「固より論なき所である」（秋元（㉜））、「歴史上、既定の問題である」（江木（㉟））、と。そのうえで秋元は根拠として、後醍醐天皇には譲位の心がなく、復位も正統[当]であるとか、南朝正統は明治維新の際に確定しているともいう〔32〕。一方、江木は根拠を語るよりも、文部省が大学カブレしていると批判するほうを優先する〔35〕。

漢学者グループによる古典的論法

六〇歳前後以下となると、南朝を正統とするにしても、判断するための根拠をいろいろとあげることが多くなる。そのなかでも、年長になればなるほど、三種の神器の所在などを根拠にすることが多くなるのにたいして、年少になってくると、より「科学的」な根拠を示そうとする傾向が強い。

南朝正統論にかんして、オーソドックスで古典的な論法を展開したのが、早稲田大学の牧野謙次郎・松平康国(やすくに)や、井上通泰(みちやす)とともに山県有朋を訪問した市村瓚次郎(さんじろう)といった、漢学者グループである。

牧野謙次郎（五〇歳）いわく、「天子の一なるものが二つ出来た時に、正は是非(ぜひ)無くてはならぬ者、閏は余儀なく出来たもので、後醍醐帝を正、北朝を閏と云(い)ふのである」。南北朝対立論者の三上は中国の正閏論は日本には不要といったが、これには大反対である。中国のような易姓革命国ではどちらになってもさしつかえないが、日本は万世一系であるからこそ、もっとも重んじ尊ぶべき皇統に二種あるのはゆるしがたいと力説する〔41〕。

また、松平康国（四九歳）は、三上のいうように皇統の流れが二つに分かれた事実も認めるし、北朝の流れのほうが大であったことも承認する。しかし、南朝の流れは小といっても自然の流れであるのにたいし、北朝の流れは大といっても人工の運河である。「尊氏の徒は無理に運河を作つて正流の水を奪つたが、遂に自ら支へずして、小と雖も清き正流の流に帰したのではないか」〔43〕。

さらに、市村瓚次郎（四八歳）は、南北朝正閏問題の性質を、「是は歴史の事実として見るよりは、寧ろ歴史の事実に加へたる法理的、若くは倫理的の判断であらうと思ひます」と宣言する。ただし、日本における「正閏」の「正」とは、中国と違って、「正しき皇統」を意味するという。そのうえで市村は、後醍醐帝の皇位が断絶したかもしれないと疑われる二つのケース（①後醍醐帝から光厳帝への「神器」の授与、②後醍醐帝から光明帝への「神器」の授与）をあげて、いずれも本当の神器が譲られたか疑わしいとみる。さらに、譲位に必要な自由意志もない。よって市村は、後醍醐帝の在位は決して断絶したものではないので、後醍醐帝を「正統の天子」とみなければならず、その正統な皇位を継承した南朝が正統であると断言する〔44〕。

このように、彼らは漢学者とはいえ、日本の国体が万世一系である点で易姓革命の中国とは異なるという点を強調したうえで、南北朝の「正閏」を判断するのが特徴である。

ちなみに、杉浦重剛に敬事する猪狩史山（三九歳）[24]の主張〔78〕も、これら漢学者グループによる古典的論法と基本的に同じである。そのうえで猪狩は、三上たちを「官学者流」「史料編纂官の総統領」と評しているところからわかるように、「官学アカデミズム」への心情的反発が濃厚に存在していたが、このことも漢学者グループと共通していたといえるだろう。

政治家の論法

南北朝正閏論争には問題の政争化にかかわった政治家自身も参加しているが、その論理をみると独自のものというよりは、当時多くの人に受け入れられそうな論法を展開していたと思われる。立憲国民党の非改革派として、南北朝正閏問題の政争化にふみきった犬養毅（五七歳）いわく、南北両朝ともに正しいものとすれば、二個の主権者が日本に存在し、日本は二か国に分割されたことになってしまう。また、南北朝並立論者は、神器の所在は正統と認める条件ではないというが、それは祖宗の大典を蔑如し、日本民族の道義の大本を破壊するものである。南朝が正統であることは明治維新の際に確定したものであり、一朝にして南北両正という説が生じると、維新以来確定してきた教育方針が一変することになる〔25〕。

国民党内の犬養派である福本日南（五五歳）も、北朝の後小松天皇が父子の礼をとって南朝の後亀山天皇と和睦し、後亀山天皇に尊号をたてまつり、みずからはその後嗣となったことに、正閏の別は明らかだという〔33〕。また、北朝の諸帝は正統の継承を欠き、神器も継承していない点で、条件を満たしていない。日南は、万世一系は二系を容れるべきではないという立国の根本法を破壊して無政府党を生み出す張本として、文部当局を強く非難する〔34〕。

国民党提出の政府弾劾決議案に政友会のなかから同調した小久保喜七（四七歳）は、茨城県出身であるだけに、水戸光圀の『大日本史』編纂が南朝正統・大義名分を明らかにし、頼山陽以後の学者がそれを祖述・継紹して倫理思想を一定した結果、「維新の大変革を醸成し、千古不抜の定論」になったという。その証拠として太政官・元老院などによる官版が南朝正統を認め、また楠木正成以下の南朝の忠臣や水戸光圀が別格官幣社に祀られていることをあげる(47)。

貴族院会派の伯爵同志会を率いて、正閏問題の政争化に荷担した大木遠吉（四一歳）も、南朝が正統であることは、遠く『神皇正統記』や『大日本史』を引きあいに出すまでもなく、『皇位継承篇』や『大政紀要』、さらには水戸光圀への陞位や南朝諸忠臣への贈位にみられるように、維新後の朝廷によって確定している。このように正閏が明確であるにもかかわらず、ことさらに異論を立てようとするのは、人心の帰趨を混乱させる邪説であるという(71)。

教育関係者の攻防

前文相の牧野伸顕（五一歳）[25]いわく、研究するまでもなく今回の問題ははじめから南朝正統に定まっている。我々は幼いときから、正成は忠臣、尊氏は逆臣という大義名分を教えられ、また明治維新の折、南朝の忠臣に贈位・祭祀の沙汰や子孫への栄爵というありがたい思し召しがあったのであり、それに背馳することはできない。ただし、我が国民忠孝の大本義は世界にその比なく、今回の経過をみても、道義の標準や忠孝の観念は少しも破られなかったとしている(38)。

牧野のもとで文部次官をつとめた沢柳政太郎（四七歳）[26]も、専門の歴史家ではない我々には、『大日本史』や『日本外史』などを読んだ結果か、尊氏といえば大逆無道の奸臣、正成といえば国家無二の忠臣と思われる。今日までのところ、尊氏を正成と拮抗するほどの忠臣とする根拠は持っていないと思う。かつ、後小松天皇が神器とともに位を承けたという事実もあり、南朝が正統であると思っているという[48]。

牧野も沢柳も、前責任者として今回の事件の責任が遡及的に問われていたこともあって、その論調は弁明的といってよい。

ちなみに、はるか昔に文部官僚をつとめた伊沢修二（六一歳）も、国民教育のための歴史は、大義名分を明らかにした国民道徳を中心としたものによらねばならないという。ただし伊沢は、多数の編纂委員を置いて皆の評議にかける国定教科書制度では、特長のない無味・無益・無害の白紙のようなものができるだけだから、むしろある特定の大家に編纂を委嘱するほうが得策だとして、国定教科書批判＝検定制度復活につなげるところが興味深い[22]。

このような元文部当局者にたいして、在野の教育関係者には、正閏問題を利用して教育界ないし文部当局への批判につなげる者もいた。

小学校教員の待遇改善運動において峰間信吉の同志であった樋口勘次郎（四一歳[27]）は、典型的な南朝正統論を述べたうえで、いままで教科書の記述をみすごしてきた「教育者は切腹せずばなるまい」として、教育者が論争を傍観して積極的にかかわろうとしない態度を取りあげて、教育界の消極的な対応を糾弾する[72]。

当時読売新聞の教育記者であり、同じく小学校教員待遇改善運動に関与した木山熊次郎（黙山、三二歳[28]）も、南朝すでに正統ならば、南北朝対立論のごときは皇室にたいする大不敬事にもかかわらず、その制裁が喜田の休職処分だけであり、小松原英太郎文相や桂太郎首相が責任をとらないのは、国民の遺憾とするところだという。また、教科用図書調査委員会など当面の責任者のいない合議制であることが、「生気なく、精神なく、無責任な」現行国定教科書を生んだとして、国定教科書制度の可否論が起きることを予期する〈86〉。

菊池謙二郎と笹川臨風

帝国大学文科大学国史科を喜田貞吉と同時期に卒業したからといって、南北朝にかんする見方を喜田と共有するわけではない。それどころか、菊池謙二郎（四五歳）は喜田の四歳上、笹川臨風（四二歳）はわずか一歳上でありながら、彼らの見方は古典的なそれといってよい。

若いときから水戸学に傾倒していた、当時水戸中学校長（事務取扱）の菊池は、持論を展開する際に『大日本史』を前面に押し出す。すなわち、明治天皇が徳川光圀に正一位を追贈した際の詔などにみられるように、朝廷は南北朝正閏の区別を是認していると主張する〈58〉。また菊池は、喜田を国定教科書における南北朝対等論の代表者とみなしたうえで、喜田の『国史之教育』では皇位と神器との関係についてなんら言及していないといったように、南北朝対等論を強く非難する〈59〉。

一方、著述家の笹川臨風(29)いわく、南北朝合一（一三九二年）の際、南朝の後亀山天皇は父子禅譲の礼をもって北朝の後小松天皇に天皇の位を譲るとともに、三種の神器を渡した。南北朝の正閏は当時においてすでに明らかで、南北朝の対立ではなく、北朝はただの閏位である。実力があるからといって北朝を正統とみなすのは、大義名分を没却し、国家の成り立ちをないがしろにし、強者の権力を謳歌するものだ〈61〉。また、臨風は神器を皇位の標表としたうえで、神器は南朝とともに終始したと考える（62）。

ただし臨風は、史実からも持論を補強する。すなわち、一三三三年に光厳院が廃されたが、その際後醍醐天皇は重祚（一度退位した天皇が再び位につくこと、光厳院が天皇位についていたことを認めることになる）の礼を行わなかったので、「光厳院は閏位と見做すべきを至当とす」という。また、一三三六年、後醍醐天皇が光明院に授けた神器も「偽器にして真実の物に非ず」とみる。さらに、南北朝合体の際、南朝の後亀山天皇は決して「帰降の礼」をとっていないことを強調する。結局、南朝正統論こそ、「名」と「器」の所在を証していると臨風は考えるのである（63）。

「国民道徳」の強調

以上みてきたような古典的な論法にたいして、南北朝正閏論争では、近代に行われた論争らしく、西洋概念を援用した論法もかなりみられるのが興味深い。以下、論法の内容によりいくつかに分けて、紹介していきたい。

「国民道徳論」をとなえたことで有名な哲学者の井上哲次郎（五七歳）[30]は、国定教科書は「国民道徳」を基礎としなければならないので、「国民道徳」のうえから事実を判断研究する態度が必要だという。また、井上は、万世一系の皇統こそ日本の国体の基礎であり、過去・現在・未来を一貫して永久不変であるべき性質のものだという国体の第一義諦（「フォルスト、プリンシプル」）を了解させる必要を説く（28）。

井上自身は、すでに後醍醐天皇がいるにもかかわらず足利尊氏が別に天子を擁立したのは、万世一系という根本主義とあい容れないことであり、北朝は大義名分にかなっていないことから、南朝が正統になるというのが彼の断案である〔28〕。

井上が皇統の正否を断じるにあたってあげる六条件のなかにもあるように、皇統は一人でなければならないのである。南北朝問題は過去の問題であるとともに、将来の問題でもある。皇統はどうしても一系でなければいけないということを、臣民のあいだでいささかの迷いもないようにしていくのが「国民道徳」の目的・根本主義であり、皇統の正閏はぜひとも明らかにしておかなければならないと井上は力説する〔28〕。

de jure/de factoと「実力主義」への反発

慶応義塾長の鎌田栄吉（五五歳）[31] は、南朝は **de jure**（デ ジュール）〔法律上の〕、北朝は **de facto**（デ ファクト）〔事実上の〕であって、大義名分のうえで南朝が正系であることは明らかだという。鎌田は「正統系」にも「レジチメシー」（**legitimacy**）という語を当てており、西洋概念を積極的に援用している〔31〕。黒岩涙香（るいこう）執筆と推測される『万朝報』の無署名の社説は、南朝の天子は神器をともなって即位したので正位であり、逆に北朝が閏位となる。さらに同社説は、南朝の天子＝大義名分の天子＝**de jure** の天子、北朝の天子＝強き天子＝ **de facto** の天子とする。そのうえで、両者が大義名分のうえで両立しうるとする思想は、力さえ強ければ大義名分はおのずから生じてくるという思想なのであって、日本の国民道徳からいってもゆるされないという〔39〕。

このように、南北朝を **de jure/de facto** と分けて説明するが、もちろん両者は等価ではない。

それどころか、勢力をもって **de facto** を推すような「実力主義」にたいする強い反発がみてとれる。

たとえば黒岩涙香（五〇歳）[32]は、その署名社説において、「勝つた方が真の天子である、正位である。負けた方ハ偽天子である」といった「物質的、事実的、又ハ科学的なる説明」は、日本の国体や国民道徳、忠君愛国とはあい容れないものと断言する。真の天子である後醍醐天皇に敵意を表す「逆賊」尊氏が、王政復古を転覆してみずから幕府となるために天皇を捕虜として譲位を強いた行為を認めることは、日本の国体や忠君道徳と根本的にあい反するのである〔40〕。

国学者の高橋龍雄（梅園、四二歳）[33]も、北朝正統論者の浮田和民を「権力即正義（**Might is right**）といふ西洋の悪言を崇拝する学者」であると断罪する。つまり、浮田の言説を「実力主義」と矮小化したうえで、それに強く反発した。高橋が反発したのも、「拝金宗、成功教、盛に行はれ、勢力金銭にのみ阿附して、弱者の正義を蹂躙し去らんとするが如き時代思潮に火を添ふるものは、北朝正統説なり」と考えるからである〔60〕。

このような「実力主義」への反発は、後述の姉崎正治の言説にもみられる。

国法（法理学）の観点

穂積八束（五二歳）[34]は、憲法理論をもってすべてを裁断する人物であった。南北朝正閏論争においても、建国以来皇室国家の根本大法は不文で定まっているとして、四か条の原則をあげる。そして、これらの条件を具備したところを「国家主権の本位」とみなす〔36〕ように、判断基準の背景には西洋的発想があると思われる。

ただし、穂積はメディア上では、歴史の事実を詳細に調べなければ南北朝のいずれが正で、いずれが閏であるか断言しない(36)としているように、慎重な態度をくずさない。しかし、後述するように、実際の教科用図書調査委員会においては、南朝正統論のなかでも原理原則主義的な「北朝抹殺論」を強硬に主張したのであった。

メディア上において穂積に代わって法学者らしい議論を展開したのが、早稲田大学政治経済学科教授の副島義一(そえじまぎいち)である。

副島義一(四六歳(35))は、後醍醐天皇という有効な天子がすでに皇位を充たしているのに、ほかにいわゆる北朝を承認すれば、これは明らかに分国論にして、皇位には形式のいかんを要せず実力さえあれば足ることとなり、日本憲法および国法学の概念上、決してゆるされないという(51)。南朝が正位である以上、南北両朝並立論のごときは国法上ありえない(52)。このように、副島はあくまで事実よりも法理を優先するのである。

石川啄木に大逆事件関係資料を内々にみせたことで有名な、歌人で弁護士の平出修(ひらいでしゅう)(三四歳(36))は、史実に加えて法理学の点から、南朝正統と判断する。平出の判断では、光厳天皇が皇位に立ったのは後醍醐天皇の「自由にして真実ある　御意思」によるものではなく、また、光明天皇も尊氏が擁立(ようりつ)するのに任せたにすぎない。すなわち、北朝の代は「皇位継承など云ふ法理上以外の、武門の権柄(けんぺい)づく」によって、「空名」を擁して京都に滞在したにすぎないという(84)。

日蓮宗（日蓮主義）の影響

西洋概念ではないので話が脇にそれてしまうが、興味深いのは日蓮宗（日蓮主義）の影響のある言説がみられることである。

「島帝国」論で有名な海軍軍人の佐藤鉄太郎（四六歳[37]）いわく、万世一系の国柄を有する日本において、二人の天子ありとは決してゆるしがたい。後醍醐天皇が正当に確実に天日嗣を受けたのは疑いもない事実で、後醍醐天皇より後亀山帝を経て後小松天皇にいたる系統のほか何ものをも認めることはできないと佐藤はいう。このようにまとめると目立たないが、実際は『神国王書』などの日蓮の言説を援用したり、「霊力」「霊位」「霊身」といった用語を散りばめたりするなど、日蓮宗（日蓮主義）の影響が色濃くみられる〔56〕。

喜田と第三高等中学校・帝国大学での同級生である宗教学者の姉崎正治（三九歳[38]）は、教育が歴史にもとづくとすればその歴史は虚偽であってはならないとしつつも、歴史を将来の徳育に応用する場合、解釈に加えて「道徳的判断」をも必要とするという。結局、姉崎は徳育名教を重視する〔73〕。

南北朝正閏問題にたいする具体的検討において姉崎は、後醍醐天皇から光厳院ないし光明院への「譲位」はいずれも正当なものでなく、光厳・光明院は正統の即位ではないと判断する。南北朝合一時の後亀山天皇から後小松天皇への譲位についても、父子の礼をもって行われたという名分に目をつぶって勢力の消長のみに着目するのは、Might is rightという、日本国では徹頭徹尾容認してはいけない悪思想であると断定する〔73〕。

ちなみに、姉崎は南朝正統論を、道義の大本や国体の原則といった「事前の理」（Universalia ante res）を承認する「先天理想説」と位置づける一方で、北朝正統論や南北朝対立論を、「事前の理」を認めない現実主義・自然主義・実利主義であるとして強く攻撃している〔77〕。

このように姉崎は名教を重視するのであるが、日本における名教問題の歴史を詳述する際、名分を正し国民思想の病根を療治しようとした人物として、日蓮を高く評価する。また、田中智学の教説への傾倒が如実に表れている。論説自体も、「霊」「霊力」「霊徳」という用語が散りばめられているうえ、日蓮宗の「五重玄義」にならって国体を名・体・宗・用・教から解釈した独特なものとなっている〔74〕。

「官学アカデミズム」第二世代の論法

喜田と同時期に帝国大学文科大学国史科を卒業したからといって、喜田と見方を共有するわけでないことは、菊池謙二郎と笹川臨風のところで前述したとおりである。一方で、喜田と同じころ国史科を卒業した「官学アカデミズム」第二世代のなかには、古典的な論法ではない新たな論法を駆使しつつ南朝正統論を展開した者も存在した。

京都帝国大学文科大学史学科教授の三浦周行（四一歳）〔39〕は、持明院統・大覚寺統の争いから南北朝合一までの歴史をバランスよく叙述したうえで、政治史より観察すれば南北朝の争いは「武家」と「公家」の争いだという。このように「科学的研究」をもって史実を確定したうえで、さらに道義的判断に訴えて名教上の批判を加えるとすれば、いかなる点からみても「南朝の強み」を確認せざるをえない。すなわち、後醍醐天皇はきわめて強硬に譲位を拒絶し、神器のにせものを創るなど、皇位に固執した。また、皇祚とはまったく切り離すことのできない神器も、後醍醐天皇にはその擁護についてもっとも深き軫念があったという(70)。

東京帝国大学文科大学助教授として国史学を講じていた黒板勝美(三八歳(40))は、南北朝時代の記録は十分でないので、正閏問題を国定的に決定するのは時期尚早である。しかし、「若し尚早であるとすれば、暫く明治維新以来多くの人々が信じて居ると思はれる大日本史の南朝正統説に従つて居つた方がよいのではあるまいか」という。すなわち、事実は事実として、原因結果を評論し研究するのが歴史家の任務であるのにたいして、これを国民教育に応用する場合は、学者の意見がいまだ定まっていないならば、旧説に従っておくのが穏当だと黒板は考える(80)。

ただし黒板も、神器一点ばりで南朝正統論を立てるのには矛盾が生じることを認める(80)。また、南朝正統論者がよくいう、南北朝合一の際に後亀山から後小松へ父子の礼をもって禅譲されたと論じるのも、早計だという(81)。代わりに黒板の持ちだすのが「主権」である。すなわち、後宇多天皇が院政をやめて政を後醍醐天皇に還したあと、両統迭立は否認された。そして、後醍醐天皇が元弘の変(一三三一年)に失敗し、形式的に光厳天皇の践祚があったが、後醍醐天皇が光厳天皇の在位を認めない以上、後醍醐天皇は「絶対的主権」を失っていない。よって、南朝が正統で、北朝は閏統だとする(82)。

すなわち、黒板は歴史事実にもとづく「科学的」方法を唱えるため、南朝正統論の根拠として

「三種の神器」の所在や血統といった重大な欠陥をかかえた説明ではなく、「主権」というきわめて西洋近代的な概念を用いることで説明しようとしたところに特色がある。

このように、三浦や黒板には、南朝正統論に与する点で一見すると古めかしい発想にみえながら、「官学アカデミズム」第二世代らしく、新規な論法を駆使する「新しさ」があったのである。

以上みてきたように、南朝正統論にもさまざまなバリエーションがある。ただし、次に述べる「北朝抹殺論」を除いて、たとえ北朝を正統ではないと考えるにしても、同じ皇統をつぐものとしてそれなりの敬意をはらう点では共通している。すなわち、北朝五代を「天皇」と表記するものも結構多い（この場合、天皇が二人いるというのではなく、北朝の「天皇」は真の意味では皇位につかなかったとして扱われる）。また、「天皇」と表記しないにしても、『太平記』や『大日本史』にならって「院」と表記（「光厳院」「光明院」とか）する場合も多い。

原理原則主義的な「北朝抹殺論」

南朝正統論においても、ほとんどが「正閏」という枠組みをとることは、前述のとおりである。この場合、「正統」の対立概念は「閏統」になる。ただし、この発想には、ごく少数ながら例外がある。

三宅雪嶺（せつれい）（五二歳）[41]は、そもそも中国の南北朝における故事から南朝・北朝と呼称すること自体が非であり、「正閏」といわずに「真偽」というべきだとする。よって、雪嶺にすれば、北朝北朝の天子は「偽天子」であり、南朝の後亀山天皇の禅譲によって継体した北朝の後小松天皇も、まさしく即位することによってはじめて「真天子」となるのである(37)。

このころ「新史学」というトンデモ歴史学を主張しはじめた木村鷹太郎(四二歳)(42)は、天に二日ありとも、一国に二天子あるをゆるさずという。すでに一天子あるのに、ほかに天子を擬するのは「逆徒」のなすところであり、これを弁護する者も「逆徒」を弁護する者である。ここまではよくある論法であるが、木村が他者と違うのはこの先である。すなわち木村は、一方が「正統」であれば、他方は「偽統」たるのみだから、「正」「偽」で称呼すべきで、その際なんらの情実をゆるさないと、冷酷にも北朝を偽統と切り捨てる(66)。

また、「東京文科大学尊皇生」の名で『読売新聞』に投稿されたものによると、大義名分よりみて、北朝に神器がないことが確定するならば、北朝諸帝の称号を取り消すべきだとまで主張する(88)。

ちなみに、前述の穂積は、メディアにおいては慎重な態度をとったが、実際の教科用図書調査委員会という場においては、北朝を「偽」として抹殺する北朝抹殺論者であった。

以上みてきたように、三宅・木村・「東京文科大学尊皇生」、そして穂積は、「正閏」ではなく「正偽」「真偽」としてとらえるため、「正統」であるところの南朝に敵対する北朝を「偽」天皇・朝廷扱いする。北朝の光厳・光明なども、「天皇」でないのは当然として、「院」どころか単なる「親王」に格下げされる。このいわば西洋的といってもよい考え方は、南朝正統論者のなかでも圧倒的少数にとどまった。多くの南朝正統論者にとって、北朝の天皇(帝)も南朝とおなじく皇統をついでいるのであって、それを「偽」天皇として抹殺するのは、臣民としてしのびがたいのである。ただし、この「北朝抹殺論」こそが、次章でのべる「第二の政治決着」において、重要な働きをすることになる。

註

（1）東京女子大学丸山眞男文庫編『丸山眞男集別集 四巻 正統と異端一』（岩波書店、二〇一八年）三、八〜九頁。

（2）同右三、八〜九、三一頁。

（3）同右一一、六六頁。

（4）河内祥輔『中世の天皇観』（山川出版社、二〇〇三年）三〇、三九、四五頁。

（5）安川実『本朝通鑑の研究――林家史学の展開とその影響』（言叢社、一九八〇年）二一二頁。

（6）前掲廣木『アカデミズム史学の危機と復権』一四五頁。

（7）浮田和民は、一八五九（安政六）年、肥後国に熊本藩士の子として生まれる。イェール大学への留学から帰国後、東京専門学校の西洋史担当教員となり、政治学や社会学の講義を担当した。また、一九〇九（明治四二）年に雑誌『太陽』の主幹に就任して、活発な言論活動を行った。「内にたいしては立憲主義、外にたいしては帝国主義」をとなえる「倫理的帝国主義」論を展開したことで有名である（「浮田和民」（菊池紘一執筆）『明治時代史大辞典』一巻二三六〜二三七頁）。

（8）吉田東伍は、一八六四（元治元）年、越後国北蒲原郡保田村に、農家の三男として生まれた。ほとんど独学であった。高等小学校の教員や読売新聞の記者を経て、一九〇一（明治三四）年に東京専門学校の史学科講師となり、国史や日本地誌を講義した（佐藤能丸（よしまる）「「在野史学」吉田東伍」『志立の明治人』下巻、芙蓉書房出版、二〇〇五年。昭和女子大学近代文学研究室「吉田東伍」昭和女子大学近代文学研究室編『近代文学研究叢書』一八巻、昭和女子大学、一九六二年）。

（9）久米邦武は、一八三九（天保一〇）年、佐賀藩士の子として生まれる。一八七九（明治一二）年以降、太政官修史館から内閣、さらには帝国大学に移って、修史事業に従事する。しかし、一八九二年、いわゆる久米事件によって帝国大学文科大学教授を非職となる。その後、旧友大隈重信の友誼もあって一八九九年には東京専門学校文学科講師となり、国史・古文書を講義した。久米の講義録の表題は『南北朝時代史』となっていた（松沢裕作『重野安繹と久米邦武――「正史」を夢みた歴史家』山川出版社、二〇一二年）。

(10) 田岡嶺雲は、一八七〇（明治三）年、土佐国に土佐藩士の子として生まれる。帝国大学文科大学漢文科選科に進学、笹川臨風らと交友をむすんだ。日清戦後には『万朝報』の記者となって幸徳秋水・堺利彦らの面識をえたり、新聞『いはらき』の主筆となったりした。大逆事件で秋水が逮捕された際、その場に立ち会ったことでも有名である（「田岡嶺雲」（島村輝執筆）『明治時代史大辞典』二巻五三三～五三四頁）。

(11) 松井広吉（柏軒）は、一八六六（慶応二）年、新潟県中蒲原郡村松町に生まれた。博文館や『中央新聞』『万朝報』を経て、南北朝正閏問題のときは『やまと新聞』（社長松下軍治）の記者であった。『やまと新聞』は藩閥系の新聞社であり、松井も桂太郎内閣にたいして好意的であった（松井広吉『四十五年記者生活』博文館、一九二九年、〈復刻〉大空社、一九九三年）。

(12) 与謝野晶子は、一八七八（明治一一）年、堺の菓子商の子として生まれる。家業の手伝いをしながら、古典を愛読し、堺敷島会に入り、和歌・短歌を発表していった。一九〇一年には『みだれ髪』を刊行して反響を呼ぶとともに、与謝野鉄幹（寛）と結婚した。しかし、南北朝正閏問題のころは、名声が落ちていた鉄幹の生気を復活させるべく、夫のヨーロッパ留学を思いたった晶子は、その資金をねん出するため次々に仕事をしていた時期であった（「与謝野晶子」（内藤明執筆）『明治時代史大辞典』三巻七九一～七九二頁。赤塚行雄『決定版与謝野晶子研究――明治、大正そして昭和へ』學藝書林、一九九四年、二四五～二五〇頁）。

(13) 堀尾石峰（太郎）は、開発社が発行していた『教育時論』の記者である。堀尾は、穂積八束の家族国家観にもとづく「国民道徳」論への批判論文を、同誌に掲載し続けていた（三井須美子「堀尾石峰の新道徳教育論――「教育時論」誌上での家族国家観と「国民道徳」批判」一『都留文科大学研究紀要』三八集、一九九三年、八八頁）。

(14) 楫取素彦は一八二九（文政一二）年、長門国萩に、長州藩医の第二子として生まれた。吉田松陰と親交が篤く、松陰の妹久子（久子死後はその妹の美和子）を妻としている。明治に入って熊谷県（のち群馬県）の権令・県令をつとめ、一八八四（明治一七）年には元老院議官に転じた。南北朝正閏問題時点ではかなりの高齢で、宮中杖を許されているほどであった（村田峰次郎『楫取素彦伝――耕堂楫取男爵伝記』山口県萩市・群馬県前橋市、二〇一四年）。

(15) 北畠治房は、一八三三（天保四）年、大和国法隆寺村に生まれる。天誅組の大和挙兵に参加、維新後は北畠親房の末裔を自称して「北畠治房」と改称した。大隈重信系官僚として明治一四年政変で退官したが、のち司法省に復帰した。晩年は郷里の法隆寺村に隠棲し、法隆寺二寺説を唱えた。北畠に会ったことがある喜田によると、法隆寺再建非再建論争に参加した学者はすべて、北畠から「馬鹿」で「青二才」扱いにされたという（「北畠治房」（浅古弘執筆）『明治時代史大辞典』一巻六八二頁。喜田「六十年の回顧」一一〇～一一一頁）。

(16) 大隈重信は、本文で前述したとおり憲政本党内における改革派と非改革派との対立と非政友合同の結果、一九〇七年に立憲国民党が成立する際に総理を辞任した。大隈は通常薩長藩閥に否定的であったが、一九一一年一月における桂内閣と政友会との「情意投合」を好意的に評価して以来、桂にたいする評価が徐々に好転しはじめることになる（真辺将之『大隈重信――民意と統治の相克』中央公論新社、二〇一七年。「大隈重信」（木下恵太執筆）『明治時代史大辞典』一巻三二一～三二二頁）。

(17) 小牧昌業は一八四三（天保一四）年、鹿児島に薩摩藩士の子として生まれる。島津久光の命により、重野安繹とともに編年体の歴史書『皇朝世鑑』の編纂に従事した。一八七三（明治六）年に開拓使の一員となって以降は、黒田清隆の側近として政治活動を行う。南北朝正閏問題のとき、小牧は貴族院議員であった（中沢夏樹『小伝小牧昌業』私家版、二〇二〇年。「小牧昌業」（伊藤真希執筆）『明治時代史大辞典』一巻一〇一六頁）。

(18) 高島鞆之助は、一八四四（弘化元）年、薩摩藩士の子として生まれる。一八七四（明治七）年以後、陸軍内で出世していく。陸軍内の反長州閥勢力の中心として、長州閥の桂太郎とはライバル関係にあった（「高島鞆之助」（鳥海靖執筆）『国史大辞典』九巻二八～二九頁。三﨑一明「高島鞆之助」Ⅰ・Ⅱ・Ⅲ『追手門経済論集』四二巻一号・四三巻一号・四六巻二号、二〇〇七・〇八・一一年）。

(19) 千家尊福は、一八四五（弘化二）年、出雲国造の家に生まれた。千家は本居氏の門に入って、平田篤胤・本居宣長の学を研究した。一八七二（明治五）年、「出雲大社教会」を設立以後は全国各地を巡回したが、一般民衆からは生き神様のように拝されたといわれる。元老院議官から引き続いて貴族院議員となった。第一次西園寺公望内閣の改造で入閣して司法大臣となったが、西園寺内閣の総辞職によって千家も官途を去った（出雲大社教教学文化研究室編『千家尊福公』出雲大社教教務本庁、一九九四年。岡本雅享『千家尊福と出雲信仰』筑摩書房、二〇一九年）。

（20）目賀田種太郎は、一八五三（嘉永六）年、旗本の長男に生まれる。つとに「神童」の称があり、五歳ごろから漢学の教えを受ける。明治になって大学南校へ入学、さらにはアメリカのハーバード大学へ留学する。帰国後は司法省を経て大蔵省へ移り、大蔵官僚として歩んだ。南北朝正閏問題勃発のときは、貴族院議員であった（故目賀田男爵伝記編纂会編刊『男爵目賀田種太郎』、一九三八年）。

（21）杉浦重剛は、一八五五（安政二）年、近江国膳所藩士の子として生まれる。ロンドン留学から帰国後の一八八二（明治一五）年には、東京大学予備門長となった。その後、政治・社会運動に乗り出し、井上馨・大隈重信の条約改正交渉反対運動を展開した。また、三宅雪嶺の政教社創設や陸羯南の新聞『日本』の創刊を支援して、明治中期の国粋主義の論客たちを育成した。南北朝正閏論争当時は、国学院大学学監専任であった（「杉浦重剛」（佐藤能丸執筆）『明治時代史大辞典』二巻三七四頁）。

（22）秋元興朝は、一八五七（安政四）年、宇都宮藩家老の戸田忠至の次男として生まれた。一八七一（明治四）年、旧館林藩主秋元礼朝の養子となり、のち家督を継いだ。フランス公使館員外書記生や特命全権公使になったが、のちにそれも辞め、南北朝正閏問題のときは閑地にあった（「秋元興朝」人事興信所編刊『人事興信録　三版　く之部―す之部』、一九一一年、あ一三四頁）。

（23）江木衷は、一八五八（安政五）年、旧岩国藩士の次男として生まれる。兄は千之である。一八八四（明治一七）年に東京大学法学部を卒業して、代言人（弁護士）となった。かたわら東京法学院などの各種法律学校で刑法を講義した（「江木衷」同右『人事興信録　三版　く之部―す之部』、え一〇頁）。

（24）猪狩史山（又蔵）は、一八七三（明治六）年、福島県田村郡滝根村の商業兼業農家の二男に生まれた。苦学しながら一八九三年、東京文学院哲学科を卒業して、日本中学校の教師となる。その関係で、杉浦重剛に敬事することになる（「猪狩又蔵」日外アソシエーツ編刊『二〇世紀日本人名事典　あ―せ』、二〇〇四年、一四七頁）。

（25）牧野伸顕は、一八六一（文久元）年、薩摩国鹿児島に薩摩藩士大久保利通の次男として生まれた。一八七九（明治一二）年以降、外交官や内務官僚をつとめた。第一次西園寺公望内閣では文相をつとめ、同内閣総辞職後は枢密顧問官となっていた。また、牧野は一九一一年二月に彰明会（のちの維新史料編纂会）発足にこぎつけ、牧野自身は委員長に就任していた。すなわち、薩長藩閥主導による維新史料編纂の主導者の一人が、牧野だったのである（「牧野伸顕」（熊本史雄執筆）『明治時代史大辞典』三巻四五五〜四五六頁。箱石大「維新史料編纂会の成立過程」『栃木史学』一五号、二〇〇一年）。

（26）沢柳政太郎は、一八六五（慶応元）年、信濃国松本に信州藩士の子として生まれる。一八八八（明治二一）年以後、一時離れていた時期を含みつつも、文部官僚をつとめた。沢柳は、汚職を防ぐために教科書を国定化する必要のあることを、教科書国定制の実現以前から主張した。その後、第一次西園寺内閣の牧野文相のもと文部次官をつとめた。南北朝正閏問題当時は、高等商業学校（現一橋大学）長であった（新田義之『澤柳政太郎――随時随所楽シマザルナシ』ミネルヴァ書房、二〇〇六年）。

（27）樋口勘次郎は、一八七一（明治四）年、信濃国諏訪に生まれる。一八九九年刊行の『統合主義新教授法』では子供の自発的活動を重視する教育を主張したが、フランス・ドイツ留学後は国家社会主義に転じた。南北朝正閏問題当時は、早稲田大学講師であった。また、教科書の国定化に反対して「真善美は官定すべきにあらず」と主張したり、峰間らと「大日本教育団」を組織して、小学校教員の俸給国庫負担運動を行ったりした（橋本美保「歴史教科書問題はなぜ教育問題とならなかったのか――南北朝正閏問題のカリキュラム史的意義」『東京学芸大学紀要 総合教育科学系』五九号、二〇〇八年、三四頁。「樋口勘次郎」（久保義三執筆）『国史大辞典』一一巻、八六七頁）。

（28）木山熊次郎（黙山）は、一八八〇（明治一三）年、岡山県に生まれた。東京帝国大学文科大学哲学科卒業後、二六新聞社に入社するとともに、日本女学校・正則中学校の教師にもなった。一九〇七年には『内外教育評論』を創刊した。一九一〇年、『読売新聞』の社員（教員記者）となったので、豊岡半嶺の同僚にあたる。また、「大日本教育団」の幹事として、小学校教員の俸給国庫補助運動を、峰間や樋口とともに行う関係にあった（「木山熊次郎小伝」内外教育評論社編刊『木山熊次郎遺稿』、一九一三年、一〜六頁。「峰間鹿水自叙伝」『峰間伝』二一〇頁）。

（29）笹川臨風（種郎）は、一八七〇（明治三）年、東京府神田末広町に幕臣の子として生まれる。一八九三年、帝国大学文科大学国史科に入学、同期には黒板勝美・内田銀蔵・中野礼四郎らがいた。一九〇二年以降は、三省堂における日本初の総合百科事典『日本百科大辞典』の原稿部長として編集を行いながら、明治大学講師などをつとめた（平野晶子「笹川臨風」昭和女子大学近代文学研究室著『近代文学研究叢書』六六巻、昭和女子大学近代文学研究所、一九九二年、八九〜一九九頁）。

(30) 井上哲次郎は、一八五五(安政二)年、筑前国大宰府の医家に生まれた。一八九〇(明治二三)年、ドイツ留学から帰国後、日本人としてはじめて帝国大学文科大学哲学科教授に任じられた。教育勅語の注釈書である『勅語衍義(えんぎ)』を著して忠君愛国の精神を鼓舞したり、国家主義的な立場からキリスト教を排撃したりするなど、国民道徳・国民教育の問題に大きな関心を示し続けた(「井上哲次郎」(古田光執筆)『国史大辞典』一巻七五七〜七五八頁。伊藤大介「南北朝正閏問題再考」一九頁)。

(31) 鎌田栄吉は、一八五七(安政四)年、紀伊国に紀州藩士の子として生まれる。さまざまな学校の校長や教頭をつとめたあとの一九〇一(明治三四)年、福沢諭吉の死去にともない慶応義塾の塾長に就任、南北朝正閏問題のときも在任中であった。また、一九〇六年には貴族院議員に勅選されていた(鎌田栄吉先生伝記及全集刊行会編刊『鎌田栄吉全集 一巻 伝記篇』、一九三五年)。

(32) 黒岩涙香は、一八六二(文久二)年、土佐国に生まれる。一八九二(明治二五)年に『万朝報』を創刊、「蓄妾の実例」などのスキャンダル・ジャーナリズムを展開したため、「まむしの周六」と呼ばれて恐れられた(「黒岩涙香」(山本武利執筆)『明治時代史大辞典』一巻八一二頁。奥武則『黒岩涙香——断じて利の為には非ざるなり』ミネルヴァ書房、二〇一九年)。

(33) 高橋龍雄(梅園)は、一八七〇(明治三)年、島根県に生まれた。上京して国学院に入学、一八九八年に本科を卒業した。その後、東京実科学校日語主任教授などをつとめた。南北朝正閏問題ではめずらしく、国語学者として論争に加わっている(渡邉剛「明治末期におけるエスペラント批判——高橋竜雄を手がかりに」『社会言語学』一九号、二〇一九年、三四〜三六頁。「高橋龍雄」『昭和人名辞典』一巻(東京篇)、日本図書センター、一九八七年、六〇一頁)。ちなみに、一八七〇年時点で「島根県」はないのであるが、前述の文献に従っておく。

(34) 穂積八束は、一八六〇(安政七)年、宇和島藩校国学教授の三男に生まれる。ドイツ留学から帰国後の一八八九(明治二二)年、帝国大学法科大学教授に任じられて、憲法を担当した。民法典論争に際し論文「民法出テテ忠孝亡フ」を著わして強硬に反対したり、憲法理論では天皇主権説を採用したりしたことで有名である(「穂積八束」(長尾竜一執筆)『国史大辞典』一二巻七七〇〜七七一頁)。

(35) 副島義一は、一八六六(慶応二)年に佐賀に生まれる。帝国大学法科大学生時代に穂積八束に盾ついて以来、「官学」が大嫌いとなった。その学説は、国家法人説——いわゆる天皇機関説——の系統につらなる(「副島義一」人事興信所編刊『人事興信録 一二版』上、一九三九年、ソ五頁。「博士副島義一」鵜崎鷺城『奇物凡物』

隆文館図書、一九一五年、七六〜七八頁。「副島義一」（吉井蒼生夫執筆）『明治時代史大辞典』二巻四七一頁）。

（36）平出修は、一八七八（明治一一）年、新潟県中蒲原郡石山村で、代々名主をつとめた家に生まれた。歌人である平出は、『スバル』の発行所を自宅に置いて、経済的援助を惜しまなかった。大逆事件で逮捕された大石誠之助らと顔見知りであった与謝野鉄幹の推挙で、平出は弁護人を引き受けた。その関係で、平出は鉄幹とともに森鷗外から、社会主義・無政府主義にかんする講義を複数回にわたって受けた。また、秋水が獄中で書いた陳弁書を石川啄木に貸した話は有名である（平出彬『平出修伝』春秋社、一九八八年。吉田悦志『事件「大逆」の思想と文学』明治書院、二〇〇九年。前掲大塚「森鷗外と大逆事件」一四二頁）。

（37）佐藤鉄太郎は、一八六六（慶応二）年、鶴岡城下で鶴岡藩士の子として生まれた。一八八四（明治一七）年に海軍兵学校への入学をはたす。長らく海軍大学校教官をつとめ、『帝国国防論』（一九〇二年）などによって、海軍中心の海主陸従や、イギリスを模範とした「島帝国」論を主張したことで有名である（石川泰志『佐藤鐵太郎海軍中将伝』原書房、二〇〇〇年。「佐藤鉄太郎」（影山好一郎執筆）『明治時代史大辞典』二巻七〇頁）。

（38）姉崎正治は、一八七三（明治六）年、京都府下京区第一二組東前町に生まれた。第三高等中学校から帝国大学文科大学哲学科に入学するが、特に三高時代からの同窓生である喜田とは最も談論した仲であった。一九〇〇年に宗教学担当の東京帝国大学文科大学助教授に任じられるとともに、西洋留学後は、高山樗牛の影響で日蓮ないし日蓮宗への傾倒を強めていった（磯前順一・高橋原・深澤英隆「姉崎正治伝」磯前順一・深澤英隆編『近代日本における知識人と宗教——姉崎正治の軌跡』東京堂出版、二〇〇二年）。

（39）三浦周行は、一八七一（明治四）年、出雲国に生まれる。喜田と同い年である。帝国大学文科大学選科を修了後、史料編纂官などをつとめ、南北朝正閏論争のときは京都帝国大学文科大学史学科教授であった。この当時の三浦は、日本法制史・日本中世史・古文書学などを講義していた（「三浦周行」（小葉田淳執筆）『国史大辞典』一三巻二六三〜二六四頁。前掲山口「南北朝正閏論争と官学アカデミズム史学の文化史的展開」二、一一〇〜一一二頁）。

（40）黒板勝美は、一八七四（明治七）年、長崎県彼杵（そのぎ）郡下波佐見村に旧大村藩士の長男として生まれる。熊本の第五高等中学校から帝国大学文科大学国史科に進み、同学科を一八九六年に卒業後は大学院へ進学した。一九〇五年には帝国大学文科大学助教授に任じられるとともに、史料編纂官を兼ねた。すなわち、職場では三上参次の部下的な存在であった。それにもかかわらず、南北朝並立論をとる三上にたいして、南朝正統論を主張して、反旗を翻すことになる(Lisa Yoshikawa, *Making History Matter: Kuroita Katsumi and the Construction of Imperial Japan*, (Cambridge: Harvard University Press Asia Center, 2017), pp. 115-119. ヨシカワ・リサ「近代日本の国家形成と歴史学——黒板勝美を通じて」『立教大学日本学研究所年報』一四・一五号(二〇一六年)一八~一九頁。山口道弘「南北朝正閏論争と官学アカデミズム史学の文化史的展開」二、一〇三~一〇六頁)。

(41) 三宅雪嶺は、一八六〇(万延元)年、加賀藩の儒医の子として生まれた。一八八八(明治二一)年に政教社を結成、機関誌『日本人』(のち『日本及日本人』と改題)を創刊した。「国粋主義」の論客として、明治中期以後の思想界に重きをなした。雪嶺は、憲政本党や立憲国民党系の政客との結びつきを強め、また藩閥政治にたいしては一貫して批判的であったため、長州閥の後継者である桂内閣と、それとの妥協をはかる立憲政友会にたいしても批判的立場を貫いた(中野目徹『三宅雪嶺』吉川弘文館、二〇一九年。「三宅雪嶺」(佐藤能丸執筆)『明治時代史大辞典』三巻五五九~五六〇頁)。

(42) 木村鷹太郎は、一八七〇(明治三)年、伊予国宇和島に生まれた。帝国大学文科大学哲学科卒業後は東洋思想史家として出発するが、自分の主張とあわない者は容赦なく論破したため、次第に学界から敬遠されていく。南北朝正閏論争のころから、ゼウスは天御中主神にあたるとか、高天原は小アジアの地名アマノス山のことであるとか、邪馬台国はエジプトにあったとか主張しはじめ、この妄想系歴史学とでもいうべきものを木村は「新史学」と名づけた(長山靖生『偽史冒険世界——カルト本の百年』筑摩書房、一九九六年、一〇二~一一五頁)。

第七章

桂内閣による「第二の政治決着」

1　部会での論争

補充された重田定一と三宅米吉

「第一の政治決着」後、南北朝正閏をめぐる政治の場は、衆議院から教科用図書調査委員会に移ることになる。

教科用図書調査委員会第二部会（歴史）では、喜田貞吉と三上参次が委員を罷免されていた。喜田の後任の文部編修には重田定一（広島高等師範学校教授）が任命され[1]、教科書調査委員兼任となった。また、三上の事実上の後任として、第一部（修身）委員の三宅米吉（東京高等師範学校教授）が第二部兼任となった。これらは、東京帝国大学系の歴史学者を更迭して、高等師範学校系の歴史教育関係者をもって補充したことを意味する[2]。それも、東京と広島という東西の高等師範学校から一名ずつ出させた点で、バランス人事であった。

重田定一[3]は、一八七四（明治七）年、兵庫県揖東郡林田村に医者の子として生まれた。幼少期より、外祖母から四書の素読を、山田晴村から『日本外史』の素読を受けた。忠孝の念が篤く、後年旅行先で寝る際も、皇城や両親の在所には足を向けなかったという。一八九四年には第三高等中学校を卒業、同年帝国大学文科大学国史科に入学した。重田が国史科を選んだ理由は、三高・帝大を通じての同級生である中村徳五郎によると、日本外交の腰が弱いのは日本人でありながら国史を知らないからで、そのことに重田が義憤を感じたためであったという[4]。

重田は、同じく三高から帝大の国史科というルートをたどった喜田の一年後輩にあたる。また、ともに歴史地理を専攻した点でも近い。しかし、その後のルートは微妙に異なる。このあと重田は、三宅などの推挙を受けて、東京帝室博物館歴史部次長を経て、広島高等師範学校本科地理歴史部に赴任した。広島高等師範在勤中、重田は「史神祭」を企画して、徳川光圀と本居宣長を祀ったという。

ただし、重田が執筆した『中学日本史』上・下（内田老鶴圃、一八九九年）や『中学国史』高等・初等（普及舎、一九〇二年）といった教科書では、「南北朝時代」の章を立てて南北朝対立について記述しており、原理原則主義的南朝正統論者というわけではなかった。

重田定一

一方、三宅米吉[5]は、一八六〇（万延元）年、紀伊国に、紀州藩士の長子として生まれた。後年学生に語るところでは、国史の研究は独学で、一〇歳ぐらいに岩垣松苗『国史略』を、一〇～一二歳ぐらいに頼山陽『日本外史』を読んだ。また、英語を学んでからは英国史・合衆国史・ローマ史などを読んだという[6]。

三宅は、若き日に刊行した『日本史学提要』第

三宅米吉（1929年）

一編（一八八六年）で、神話などを排した科学的・学問的な日本史を描こうとしたことで高い評価を受ける人物であるが[7]、南北朝正閏問題のころには往年の啓蒙主義的姿勢は後退していたと思われる。

南北朝正閏問題よりも一〇年ほどあとのことになってしまうが、一九二一（大正一〇）年一〇月刊行の『教育研究』に掲載された「小学歴史教授の五大眼目」によると、小学生に歴史を教えるうえでの最終目的の一つとして「国体を知らせる事」をあげたうえで、国体の講釈は理屈で説くと難しいとして、歴史を教えつつ次第次第に日本の国体を感得させる方法を推奨した[8]。啓蒙史学の時代も過ぎ、三宅も天孫降臨といった「神代」からの歴史を小学児童に教えこむことによって国体を感得させることを、自明視するにいたっていたのである。

第二部会での激論

「第一の政治決着」によって、南北朝の「二君両正」、すなわち南北両朝を正位に置くことは明確に否定され、南朝正統論の枠内で教科書を改訂することが決定されていた。人事面でも、第二部会（歴史部会）から喜田や三上ら南北朝並立論者が排除され、委員はほぼ南朝正統論者で固められた。しかしながら、委員のなかには依然として、南北朝正閏問題は臣下がみだりに私議すべきものではないと主張する者も存在した[9]。また、たとえ南朝正統論の枠内だとしても、具体的なレベルで教科書の記述をどのようなものにするかについては、意見にかなりの幅があった。よって、五月一五日から六月一二日にかけて行われた第二部会の審議は、紛糾（ふんきゅう）することになる。

第二部会に提出された改訂原案は、当時の新聞報道によると、後述の総会に提出された部会原案とほぼ同じ内容のものだったという。すなわち、時代表記を「南北朝」ではなく、三月一四日の文部省訓令第一号にあわせて「吉野の朝廷」とする一方で、「天皇」の尊号は北朝の光厳・光明にも与えるというものであった[10]。

五月一五日、いよいよ教科書調査委員会第二部会（歴史）が開会した。起草委員である三宅・重田から改訂の程度にかんするだいたいの説明があって、①南北朝時代は全部改作すること、②両朝時代前後においても両朝に関係する個所は大部分改訂すること、③本教科書全体にわたって必要に応じて修正を加えること、の三方針を満場一致で可決した[11]。

しかし、教科書記述の逐条審議になると、議論は紛糾する。

六月二・五日の部会では、南北朝にかんする主査委員案にたいして修正案が続出、議論が紛糾した。特にもめたのは、穂積八束（やつか）の「小学校歴史教科書中にハ南北朝なる文字ハ勿論（もちろん）、両朝に関する観念ハ絶対に記（き）するの必要なし」という意見である[12]。これらの記事では穂積の主張は少しわかりづらいところがあるが、よりわかりやすく報じたのが『読売新聞』である。すなわち、『読売新聞』によると、穂積の主張は、「主権は二（に）ある可（べ）からず」との法理論から、「南朝北朝二者の存立を認めず。況（いわん）や正閏といふが如（ごと）き事ある可からず。既に南朝系の天皇を天皇とする以上は、

穂積八束

北朝の天子は天子にあらず。また帝とするも不可なり。全然之を歴史上に記録す可からず」というかなり極端なものであった(13)。

しかし、穂積のいうとおりにしては、南朝天皇の事蹟や南朝臣下の忠節もことごとく黙殺されるだけでなく、同時代の史実は全部教科書中より削除する結果を生じるとして、委員の多数が穂積の意見に反対、激論となったのである(14)。

結局、六月九日の部会で通過した改訂案は、南朝正統論を採用したうえで、後醍醐・後村上・後亀山天皇の三代間を「南北朝」と称するのはかえって世人の誤解を招く恐れがあるとして、将来「吉野朝」と改称することに決定した。一方で、本文中、史実の説明上やむをえず「南北朝」もしくは「両朝」という文字を使用したとしても、一読してただちに南朝本位主義を会得するものであればかまわないということになった。すなわち、教科書から「南北朝」の文字をすべて削除すべしといった穂積の主張は、少数で否決されたのである(15)。

第二部会が約一カ月間、八回もかかるほど審議が長引いたのは、部会に提出された三宅・重田起草の改訂原案が、かたや「史実は史実として記載し、孰れが正、孰れが閏なるかを明瞭になし置くべし」という意見と、かたや穂積のように「南北朝の文字を教科書に記載し児童に其の観念を懐かしむるは、策の得たるものにあらざるを以て、全然之れを削除すべし」という意見との双方から、挟撃されたためである。[16] 別の新聞報道によると、前者の主張は市村瓚次郎・萩野由之ら「改進派」によるもので、彼らは「史実は史実として両朝を記載すべく、唯正閏を分てば則ち足る」と主張したという。[17]

市村の略歴については前述したので、省略する。

萩野由之[18]は、一八六〇（万延元）年、佐渡国雑太郡相川下戸炭屋町に生まれた。七歳のとき円山溟北の学古塾に入り、主に経史子類を学んだ。一八八〇年の再上京後は興亜会支那語学校に入って北京官話を学ぶとともに、重野安繹の門に入って国漢の二学を学んだ。一八八六年には、東京帝国大学文科大学古典講習科を卒業する。南北朝正閏問題当時は東京帝国大学文科大学教授兼高等師範学校教授で、かつ教科用図書調査委員をもつとめていた。萩野自身は南正北閏論の立場に立っていたが、喜田や三上とともに改訂前の国定教科書の主査委員をつとめていたし、そもそも三上とは親友ともいってよい関係にあって、当時の教科書調査委員のなかでは比較的喜田や三上に近い立場をとっていたと推測される。

教科書調査委員会における議論配置

第二部会における議論配置を、のちの総会のそれとあわせみたうえであらためて図示してみると、次ページの表のとおりとなる。小山常実は、北朝の存在をまったく認めない「北朝抹殺論」であるところの穂積派と、史実を重視する「史実論」派である市村・萩野派との中間に、改訂原案を起草した三宅・重田派が位置するとしている。この対立構図は、基本的に正しいと思われる。[19]

	時代表記	光厳・光明の表記	北朝に関する史実の取り扱い
穂積派	「吉野の朝廷」「吉野朝」	「親王」	完全削除
三宅・重田派（部会＝総会の改訂原案）	「吉野の朝廷」「吉野朝」	「天皇」	史実として記載
市村・萩野派	「南北朝」　「南朝北朝」	「天皇」	史実として記載

教科用図書調査委員会における議論配置

ただし、教科書記述をめぐる実際の審議になると、時代表記にかんしては「吉野の朝廷」vs「南北朝」、光厳・光明の表記にかんしては「親王」vs「天皇」、北朝にかんする史実の取り扱いにかんしては完全削除vs史実として記載といった二極対立になるであろう。それも、時代表記以外の論点において、北朝を抹殺すべしとする穂積派の極端な主張にたいして、市村・萩野派と、三宅・重田原案を支持する多数派とが共同して反対するというのが、部会＝総会における基調であったと推測される[20]。

結局、三宅・重田の原案、すなわち時代表記にかんしては「吉野の朝廷」としながら、光厳・光明にも「天皇」の尊号を与えるという案が多数の容れるところとなった[21]が、最終的な決着は総会に持ち越された。総会では部会と同じ対立構図で議論が展開されることになるが、第二部会以外の委員も加わって総勢が増えるだけ、激論の程度もより高まるであろう。

七月七日、教科書調査委員総会が開かれた。第二部会長の辻新次（しんじ）が「南朝」を「吉野朝」に改めた理由を詳細に報告、起草委員である三宅が細目の修正について説明した。すると、委員長の加藤弘之（ひろゆき）自身が山川健次郎に議長席を譲って、三〇分余にわたって反対意見を述べた。

その要旨は、南北朝の修正にかんして、小松原英太郎文相は委員へ諮らずに根本方針を確立したあと委員会に諮問したことが、そもそも委員会を無視するものだということにあった。結局、初回から激論となった[22]。

さて、総会における穂積の主張は、第二部会時と同じものである。すなわち、一三日の総会冒頭で穂積が起ち、「西洋史の諸例を引き、主権不可分論を述べ、天に二日無く、皇位両つある可からず」と論断、憲法は日本の史実にかんがみて決定した千秋不磨の大典なので、「其憲法に当嵌まるやう過去の史実を取扱ふに、何の不可かあらん」という、「極端なる北朝抹殺論」を主張したのである[23]。

加藤弘之

穂積の主張に起草委員らは大いに憤慨、「〔穂積による〕部会の訂正は我国の史実を憲法に当嵌むるべく改造したるもの也。憲法のために存する史実にあらざれば、文筆の上に於て之を改造するも何の効かあらん」と反発、なかでも萩野・田中義成などは起草委員の辞表を提出しさえしたという[24]。特に田中は、正閏論争では表立って発言をしなかったが、「極端なる大義名分」論である北朝抹殺論や、「南北朝なる名称は、後世史家の勝手に附する所、朝廷の二つ存する事を認めたる名称にして、甚だ当を失す」といった考えには、内心明確に反対していた。[25]

そもそも委員長の加藤自身が、萩野・田中に同調した。加藤は「西洋史は兎も角も、我国の歴史の教科書を論ぜんとするに当り、都合上、而も一たび皇位としてまで伝へられたる程の北朝の史実を全く抹殺せんとするは非なり。又文部省が一度南朝を正統の皇位とする旨の訓示を出したりとは言へ、敢て北朝の史実を抹殺せず、南朝が正統の皇位たる事を説くに於て何の差支かあるべき」と述べ、穂積の主張に強く反発した。[26]

このように穂積の主張が反発を受けたのは、「我国の史実を取扱ふに、余り理論に馳せ、理論の都合上史実を軽視せんとするの傾き」があるからで、『大日本史』で南朝正統説を採用させた徳川光圀でさえ迷いつつも「北朝」の文字を使用したことからもわかるとおり、北朝関係の史実をすべて抹殺することは、多くの人にとって極端すぎる措置と思われたのである。[27]

たとえば、教科書調査委員ではないが、大日本国体擁護団の内田周平ですら、穂積の議論は法律論としてみれば正論ではあるが、「然しながら〔北朝の天皇も〕同じく皇統を承けられた事でありますから、それは吾々として道徳的に忍びられぬのであります。矢張り閏位として添へられておく方が穏当と思ひます」と述べている。[28] 内田も、現皇室が北朝の出身であり、宮中において北朝を祀っている事実を無視することはできなかったのであろう。[29]

2　総会から「第二の政治決着」へ

総会でも激論は続く

もうおわかりのとおり、総会における対立構図も第二部会のそれ、すなわち「史実を史実として記載すべきか、将た南北朝の感念（ママ）を児童に抱かしめざるよう記載すべきかの両論」の対立[30]、ないし「両朝に関する史実を其儘に記載すべしとの史実論と、北朝を抹殺して北朝天子を親王とすべしとの憲法論」との対立[31]になったのである[32]。

この対立は、北朝の天子の取り扱い方をめぐっては、穂積の「既に南朝方が正統にして、又主権は一のみなりとせば、北朝は賊軍の巨魁に擁せられたるものにて、其意を教科書中の文字に表はさゞる可からず」という主張と、「如何に北朝方とはいへ、我今上陛下の御祖先を賊軍扱ひにするは臣子の人情に於て忍びざる所なりとて、尊氏は賊将とするも、天子に対しては充分尊敬を表する待遇を為さゞる可からず」という主張との対立として表れることになる[33]。

そして、この両論のうち、「千秋不磨の大典」たる「憲法に当嵌まるやう史実を取扱ふ」ことを主張する穂積派の「憲法論」[34]は、その極端な主張のため同調する者はいたって少数であった[35]。

また、ある新聞記事は、穂積派が小松原英太郎文相ないし元老山県有朋の意を承けているのに

「児童が可哀想」（『二六』7月17日）

たいし、加藤たち反対派は、自分たちは調査を委任されている以上、他の意を承けずにみずからの所信を敢行すべきであるとの信念を有しているといった、政府・元老との関係性や独立性の違いを指摘していた。[36] 別の記事も、穂積が「予は宮内省の意思を代表す」といわんばかりの態度で、事の大小に関係なく干渉してくることに、多くの委員が反発したことを伝えている。[37]

七月一七日の第三回総会でも、穂積の「憲法主義」に「史実論派」が反発した。[38] すなわち、北朝や足利将軍にかんする史実を教える必要はないという穂積派と、平将門と同様に、北朝や足利将軍を教科書に記載しても、記載方法や教授方法さえよければかまわないという加藤らとが対立した。両派の論争はいつ終わるとも思われず、また教科書の使用開始時期も近づいていることから、ついには折衷論（北朝の史実は多少記載するにしても、たとえば「薨去」という語句を「死去」とするように、字句文章には注意するという意見）も浮上した。そして、午後五時ごろになってようやく討論終結・採決にかかろうとしたとき、加藤委員長が頭脳疲労につき閉会を宣告したため、小松原文相の希望に反して、議決にはいたらなかった。[39]

結局、二日後の七月一九日の第四回総会から、やっと部会修正案の逐条審議に入った。審議がはじまると折衷論もどこかへ吹き飛んでしまい、特に光厳天皇の擁立にかんする事項をめぐって穂積派と加藤たちとのあいだで舌戦があったが、最終的に多数決をとることになり、穂積派の極端な「北朝抹殺論」は少数で敗れ去った。[40] 児童用教科書の光厳天皇の擁立ないし廃位については、次のように修正することを決定した。

一　ここに於て天皇は遁れて笠置山に幸し給ひ、高時は量仁親王を擁立して天皇光厳天皇と称せり。〔朱書・挿入：之を光厳天皇とす。〕やかて賊軍攻め下笠置山を陥るるに及ひ、高時は後醍醐天皇を隠岐に遷し奉り、御謀にあつかりし人人を或は斬り、或は流したり。

一　行在を発し給ふ。すなはち先つ光厳天皇を廃し給ひ〔朱書・挿入：退け〕京都に還幸し給ひし上、御身親ら政令を発し給ふ。[41]

第一条の記述では、北朝の光厳天皇（量仁親王）は「賊」の北条高時が擁立するところで、決して正統の天皇ではないことを明記していた。一方で、高時が光厳を擁立して「天皇」と称したことも明白な事実であった。よって、この記述の線であれば、加藤ら多数の委員の賛同を得られたのであろう。[42] 小松原文相も、逐条採決の結果、部会原案の文字を修正するぐらいで、「甚敷説は議場に容れられさる有様」となったことに安堵している。[43]

そして、七月二一日の第五回総会では、今度は記事の題号として部会原案の「吉野の朝廷」を「南朝北朝」とし、その他も南北朝の対立的記載に改めようとする修正案の審議という、いちばんの山場を迎えた。[44] 当の小松原文相は対立的記載に賛成する者はきわめて少数なため、否決されるはずと楽観視していた[45]。結局、総会では、「吉野の朝廷」のほかに、「南北朝」「南北朝時代」「南北分争」「吉野の行宮」などの異説も出たが、多数決で「吉野の朝廷」に決定した[46]。『国民新聞』の記事によると、「南北朝」「南北朝時代」など「南北」の二字を表題にするのは、従来のいきがかり上はなはだおもしろくなかった。かたや、「吉野の行宮」ではその意がやや弱く、南朝三代の皇居を指すにはいささか物足りない心地がするだけでなく、吉野の天皇を正統とする記述の精神に適さないと思われた。それならむしろ、「吉野の朝廷」と明白に記載するほうがよいとの意見が多数を制したのだという[47]。

また、尊氏による光明の擁立については、高時の光厳擁立のときと同様に、「尊氏は賊名を避けんがために豊仁親王を擁立して天皇と称せり。これを光明天皇とす。」と記載することにした。さらに、尊氏・義詮（室町幕府二代将軍）の死去は、「薨」ではなく「死」と書くことなども決定した[48]。

閣議提出書類から復元してみると

今までは新聞報道から総会の審議状況をみてきたが、新聞報道では断片的にしかわからないので、文部省によって作成され、閣議に提出されたと推測される書類[49]をもとにして、総会の審議状況をさらにくわしく復元してみる。一字下げのマル数字以下の部分が部会原案、二字下げの部分がそれにかんする審議状況である。

①光厳擁立は「高時は量仁親王を擁立して天皇（光厳天皇）と称せり。」とすること。

少数意見として「高時は光厳天皇を擁立し云々」ないし「高時は量仁親王を擁立して天皇と称せり。これを光厳院とす。」という修正説が出された。しかし、ある委員が「宮内省ニ於ケル祭祀御陵墓等ノ関係上、天皇号ハ其ノ儘ノ趣ナリ。旁々天皇ト明記スル方然ルヘシ。正当ノ天皇ニ非サルコトハ「擁立」及「称セリ」ノ字ニテ明瞭ナルヘシ」と主張したため、部会原案を「高時は量仁親王を擁立して天皇と称せり。これを光厳天皇とす。」と修正することが議決された。

②後醍醐天皇が伯州（伯耆国）行在より京都に還幸する際の記事は、「行在を発し京都に還幸して親ら万機を統べさせ給ふ。」とすること。

「行在を発し給ふ。すなはち先づ光厳天皇を退け、行在を発し京都に還幸して親ら万機を統べさせ給ふ。」という修正説が出され、採決したところ可否同数なので、議長が採択を決定した。

③いわゆる南北朝記事の題号は、「吉野の朝廷」とすること。

少数意見として「南北朝」「南北朝時代」「南北の分争」「吉野の行宮」の四説が出されたが、部会原案のとおり議決された。

④光明擁立は「尊氏は賊名を避けんがために豊仁親王を擁立して天皇（光明天皇）と称せり。」とすること。

少数意見として「尊氏は賊名を避けんがために光明天皇を擁立し云々」ないし「尊氏は賊名

を避けんがために豊仁親王を擁立して天皇と称せり。これを光明院とす。」という修正説が出された。しかし、ある委員が①のときと同様に、「宮内省ニ於ケル祭祀御陵墓等ノ関係上、天皇号ハ其ノ儘ノ趣ナリ。旁々天皇ト明記スル方然ルヘシ。正当ノ天皇ニ非サルコトハ「擁立」及「称セリ」ノ字ニテ明瞭ナルヘシ」と主張したため、部会原案を「尊氏は賊名を避けんがために豊仁親王を擁立して天皇と称せり。これを光明天皇とす。」と修正することが議決された。

⑤南北朝の呼称は「これより世に吉野の朝廷を南朝といひ、京都を北朝といふ。」とすること。

少数意見として穂積八束が「全部削除説」を発議し、大島健一が賛成した。また、同じく少数意見として船越衛が「これより世に吉野の朝廷を南朝といひ、京都の偽朝（或ハ「京都に尊氏の立てたる朝廷」トスルモ可ナリ）を北朝といふ。」という修正説を発議し、菊池大麓・穂積・大島らの賛成があって、二五名の委員中賛成者が一〇名ほどにのぼった。しかし、結局は僅差で部会原案のとおり議決された。

⑥尊氏が北朝より征夷大将軍に任ぜられ、幕府を京都に開いた事実を、「京都にては尊氏擅に幕府を開き云々」とすること。

少数意見として「京都にては尊氏征夷大将軍となりて幕府を開き云々」という修正説が出されたが、部会原案のとおり議決された。

⑦京都では尊氏が擅に幕府を開き云々の一節の鼇頭〔頭註のこと〕を「賊軍の有様」と記すこと。

ある委員が「一部分ノ戦ニ「賊」ト記スモ差支ナケレトモ、北朝方ヲ総括シテ賊ト謂フハ不可ナリ」と主張したため、部会原案を「京都の有様」と修正することが議決された。

⑧後亀山天皇が京都に還幸した後の結末を、「後醍醐天皇の吉野に幸し給ひしよりここに至るまで五十七年にして海内一統の世となれり。」とすること。

少数意見として「後醍醐天皇の吉野に幸し給ひしよりここに至るまで五十七年にして南北一統の世となれり。」という修正説が出されたが、部会原案のとおり議決された。

⑨足利義満の記事を「足利義満は尊氏の孫なり。後村上天皇の御代の末父義詮の死するや年十歳にして家を嗣ぎしが云々」とすること。

少数意見として「足利三代将軍義満は尊氏の孫なり。父義詮薨じて後僅に十一歳にて将軍職を襲げり云々」という修正説が出されたが、部会原案のとおり議決された。

以上みてきたように、総会議決は、時代表記としては「南北朝」ではなく「吉野の朝廷」を採用する一方で、「光厳天皇」「光明天皇」という表記に決定した点で、おおむね部会原案＝総会原案のとおりであった。すなわち、部会のみならず総会においても、穂積派の「憲法論」が退けられたことがわかる。(50) そしてメディアからは、たとえば『万朝報』が総会議決を、「本社の主張が全部実行せられたるハ、日本国の為めに最も幸慶とする所也」と祝福したように、好意的に受けとめられた。(51)

「活きかへつたが」（『二六』7月21日）：同時期の学制改正案も枢密院審議を通過したが、当初の構想からは変質していた

そして、「第二の政治決着」

教科用図書調査委員会における議論は、こうして定まった。

しかしながら、小松原文相は総会議決を修正する案を作成のうえ、七月二六日、桂太郎首相へ閣議請議、教科書の印刷準備の都合から次の閣議日には決定するよう強く迫った[52]。小松原いわく、いちいち「足利尊氏の擁立したる天皇」をくりかえすのも困難で、往々「何々天皇」と記さざるをえず、結局、「万世一系、天に二日なき大義」とあい容れなくなる。よって、北朝の光厳・光明は『大日本史』などにならって「光厳院」「光明院」などと記すとともに、南北朝も吉野を南朝といい、京都は「偽朝」と記して、京都の偽朝を「北朝」というと記述するほかないと主張した。すなわち小松原は、総会議決を穂積派の主張により近づける線で修正しようとしたのである。

閣議で配布されたと推測される書類[53]からは、具体的な修正理由がうかがわれる。

総会において最も紛糾した総会議決①④にかんして、「光厳天皇」「光明天皇」の呼称に賛成した者の多数は、光厳天皇を決して閏位の「天皇」とはみなさないが、宮廷における名称取り扱いを承知して、特に「天皇」として掲げるのを可とする論者たちであるとした。しかし、『大日本史』などのように、北朝五代を「院」号や「帝」号とする便法を用いなければ、「歴史記載上、唯一正位ノ天皇トノ区別明瞭ヲ欠ク」。よって、少数意見第二の説にしたがって「これを光厳院とす」とすることを提案した。

同じく総会議決②にかんしても、部会原案に引きもどして「すなはち先づ光厳天皇を退け」という字句自体を削除するか、もしくは「光厳天皇」を「光厳院」ないし「高時の擁立したる光厳天皇」と修正することを提案した。

さらに、総会議決⑤にかんしても、総会議決の「京都を北朝といふ」を、「京都に尊氏の立てたる朝廷を北朝といふ」ないし「京都の偽朝を北朝といふ」と修正することを提案した。

そして、これら小松原文相による修正提案が閣議にかけられて、最終決定にいたった案が、「歴史教科書記載事項」と題する書類であると思われる。(54) これによると、総会議決①④にかんしては、「光厳院」「光明院」と決定した。総会議決②にかんしては、部会原案に引きもどして、「すなはち先づ光厳天皇を退け」という文言を削除することにした。同様に、南北朝合一時の「海内一統の世となれり」という字句も削除された。そして、総会議決⑤にかんしては、「尊氏の擅に京都に立てたるを北朝といふ」に決定した。これらは総じて、尊氏の姦猾さと、北朝の傀儡性を強調するための修正だったといってよい。

さらに、閣議での最終決定により、北朝の天皇は歴代表から削られたばかりでなく、略系図では光厳・光明の両天皇が「親王」として、崇光・後光厳・後円融の三天皇が「王」として記載されることになった。崇光・後光厳・後円融が「親王」どころか「王」扱いなのは、即位前の親王宣下が北朝によるものなので認められないとすると、後伏見天皇の皇孫または皇曾孫にあたることから、大宝律令の規定に従って諸王の列に下されることになるためであった。[55]

このように桂内閣は、教科書供給上七月中が決定のデッドラインということもあり、[56]また政権を西園寺公望（政友会総裁）に明け渡すタイミングをとらえて、教科用図書調査委員会の総会議決を無視した閣議決定を行ったのである。内容も、総会議決から穂積派の主張寄りに記述を修正したものであり、まさしく「第二の政治決着」であった。

そして、第二期国定教科書改訂版『尋常小学日本歴史　巻一　児童用』では、さすがに穂積の主張するような北朝にかんする史実すべての削除は行わなかったにしても、北朝の諸天皇を「天皇」とは扱わない措置にいたったのである。

政府の措置を穂積も高く評価したのであろう、穂積は第二次桂内閣総辞職直後の九月六日付けで小松原あてに、「閣下の堅固なる御主義に依り、委員会の紛議に拘はらず首尾一貫の解決を得」たことに感謝する旨の書簡を送っている。[57]穂積はかつて、「国民道徳」の観点から修身の国定教科書の改訂を実現するため、久保田譲・牧野伸顕といった歴代文相に働きかけた過去があり、今回もその行動パターンの一環であろう。[58]

かたや小松原は、前述のごとく総会時には三宅・重田の原案ラインを支持する意見だったものが、総会議決後に意見を変え、穂積派の主張に近づけるかたちで教科書記述を修正するべく閣議決定に持ちこんだと考えられる。[59]

不都合な事実

結局、改訂版である児童用教科書（『尋常小学日本歴史　巻一　児童用』、一九一一年一〇月一四日発行）は、次のような記述となった。

第二十一　北条氏の滅亡

北条高時　……ここに於て天皇は遁れて笠置山に行幸し給ひ、高時は量仁親王を擁立して天皇と称せり。これを光厳院といふ。やがて賊軍攻めて笠置を陥るるに及び、高時は天皇を隠岐に遷し奉り、御謀にあづかりし人人を或は斬り或は流したり。

政権朝廷に返る　……〔後醍醐天皇は〕行在を発し給ふ。すなはち先づ光厳院を退け、京都に還幸して親ら万機を統べさせ給ふ。

第二十三　吉野の朝廷

吉野の朝廷　尊氏は賊名を避けんがために、豊仁親王を擁立して天皇と称せり。これを光明院といふ。ついで偽りて降り、天皇の還幸を奏請せり。天皇すなはち義貞に勅して、皇太子恒良親王を奉じ、北国に赴きて恢復を図らしめ、かりに尊氏の請を許して京都に還幸し給ひしかど、間もなく、ひそかに神器を奉じ吉野に遷幸して行在を定め給ひき。時に延元元年（紀元一千九百九十六年）なり。これより、世に吉野の朝廷を南朝といひ、尊氏の擅に京都に立てたるを北朝といふ。(60)

また、教師用教科書（『尋常小学日本歴史　巻一　教師用』、一九一一年一二月二八日発行）にかんしては、巻一上の「第二十三　吉野の朝廷」の「注意」欄のうち、問題となった「南北両朝の正閏につきて」が全面削除され、代わって「本課の要旨」を加筆して、次のようになった。

> 本課の要旨　本課に於ては建武中興の業挫折し、姦猾なる尊氏が勢に乗じ皇族を擁して其の私を成し、朝廷吉野に移るの已むを得ざるに至りし事情を知らしむると共に、北畠・新田・楠木・名和・菊池等諸氏が何れも勤王の赤誠を致し父子兄弟相継ぎて其の節を変ぜず一意王政の復興に努めし事蹟を説き、児童をして是等忠臣の人となりを敬慕せしめ忠君の精神を涵養せんことを要す。[61]

結局、南北朝正閏問題は南朝正統にとどまらず、北朝の天皇を「天皇」としては扱わない事態にまでいたった。三上が後年の回顧で、「ものの激する勢というものは非常なもので…これは大変に行過ぎたことである」と慨嘆するような徹底した措置だったのである。[62]

しかし、徹底した措置は逆にさまざまな矛盾を引き起こすことになる。北朝を抹殺することは「明治大帝の聖旨」に背くばかりでなく、同じ国家機関において文部省と宮内省とで北朝の諸天皇の扱いが異なることを意味する。[63]また、喜田が指摘するように、光厳天皇の即位を認めないので、光厳の玄孫にあたる後花園天皇は後伏見天皇から五世王となり、大宝律令の規定によって、「王」の名を有しても「皇親」ではなくなる。すなわち、後花園天皇は皇親でないにもかかわら

ず即位したことになるのである。(64)

南北朝正閏問題は、義務教育のみならず高等教育ないし歴史学にも、はねかえってくる。同問題がかまびすしいころ、「賊魁（ぞくかい）」として家を焼くとか、途中で要撃（ようげき）するとかといった脅迫状がとどいた三上は、これ以後大学の授業で南北朝の授業をするときは、声が漏れることを用心して学生に窓を閉めろといったという。(65)

また、田中義成は学説の自由という観点から、大学の講義題目を「南北朝時代史」としようとした。しかし、その田中にしても、上田万年（かずとし）（東京帝国大学文科大学長）の要請を容れて、講義題目を「吉野朝時代」に改めざるをえなかったのである。(66)

一方、東京帝国大学史料編纂掛では、依然として南北朝並立主義を堅持した。文部省が南朝を正統と決定しながら、同じ政府の一部である大学が両朝並立の形式をとるのは穏当でないとして、翌一九一二年、東京帝国大学総長（濱尾新（あらた））と文科大学長（上田万年）が、『大日本史料』の形式にかんして史料編纂掛の意見を徴した。史料編纂掛の意見は、南朝正統にたいして決して異議あるわけではなく、「一般ノ歴史」としては南朝正統の形式を遵奉（じゅんぽう）せざるをえないが、「独（ひと）リ大日本史料ハ、史料トシテノ本質ヲ把持（はじ）シ、正閏等批判以外ニ超越シ、一般ノ歴史ト混同スルヲ許サズ」というものであった。(67)

結局、喜田貞吉のように、官の権威をもって歴史学の成果を歴史教育にまで波及させることが否定されたため、歴史学は「一般ノ歴史」との峻別をもって南北朝並立の立場に閉じこもるようになるのである。

註

（1）菅真城は、後述の東京帝室博物館や広島高等師範学校への就職の経緯から、重田の文部編修任官にあたっては三宅米吉の推挙があったのではないかと推測する（菅真城「重田定一と広島高等師範学校」『広島大学史紀要』三号、二〇〇一年、一〇〇頁）が、十分ありうる話だろう。

（2）前掲渡邉「『南北朝正閏問題』と新聞報道」二六七頁。

（3）重田定一については、重田定一先生追悼会事務所編刊『重田定一先生』（一九三四年、以下『重田伝』と略記）や、前掲菅「重田定一と広島高等師範学校」を参照。

（4）『重田伝』二六頁。

（5）三宅については、前掲橋本「歴史教科書問題はなぜ教育問題とならなかったのか」三三～三四頁、「三宅米吉」（岩崎卓也執筆）『国史大辞典』一三巻四八六頁を参照。

（6）鈴木博雄『東京教育大学百年史』（日本図書文化協会、一九七八年）一六七～一六八頁。

（7）三宅の往年の啓蒙主義的姿勢から、前述の森鷗外「かのやうに」の主人公五条秀麿のモデルを、三宅に想定する研究者もいる（直木孝次郎『武者小路実篤とその世界』塙書房、二〇一六年、一七七～一八二頁）。

（8）三宅米吉「小学歴史教授の五大眼目」文学博士三宅米吉著述集刊行会編刊『文学博士三宅米吉著述集』（一九二九年）六三八頁。

（9）『小松原事略』八七頁。

（10）「歴史教科書部会終了」『東京日日新聞』六月一三日。前掲小山『天皇機関説と国民教育』七一頁。前掲小山「南北朝正閏問題の教育史的意義」六九頁。

（11）「改訂程度決定」『万朝報』五月一六日。「歴史教科書改訂部会」『東京朝日新聞』五月一七日。

（12）「歴史教科書部会」『万朝報』六月三日。「歴史読本委員会（南北朝問題）」『東京朝日新聞』六月八日。「南北朝問題激論」『万朝報』六月六日。

（13）「修正点の論議（歴史教科書問題）」『読売新聞』六月九日。

（14）「南北朝問題激論」『万朝報』六月六日。

（15）「吉野朝と改訂す」『万朝報』六月一二日。「吉野朝と改訂す」『教育実験界』二七巻一二号（六月二〇日）七〇頁。
(16)「歴史教科書部会終了」『東京日日新聞』六月一三日。前掲小山『天皇機関説と国民教育』七一頁。前掲小山「南北朝正閏問題の教育史的意義」六九頁。
(17)「歴史修正略成る（吉野朝と改訂）」『読売新聞』六月一四日。ただし、「改進派」と対抗関係にある「守旧派」として穂積と三宅をひとくくりにしている点で、二極対立として描いている。
(18)萩野の生涯については、揚原敏子「評伝萩野由之」『学苑』三一五号（一九六六年）を参照。
(19)前掲小山『天皇機関説と国民教育』七一～七二頁。前掲小山「南北朝正閏問題の教育史的意義」六九～七一頁。
(20)ちなみに、『万朝報』は総会においても積極論者と消極論者の対立となることを予想している。前者の積極論者は穂積・小笠原長生（ながなり）といった憲法論者で、「教科書中より南北朝なる文字ハ勿論、右に関する思想を除斥し北朝諸天子を単に親王となし、将来国民の記憶より両朝当時の争位問題を除去せんとするもの」であった。かたや、後者の消極論者は主査委員派に属する人々で、「南朝正位を主張し、南北朝を吉野朝と改訂するの点ハ前者と同意見なるも、史実ハ史実として其儘（まま）に記載す可く、若し積極論者の如く、現憲法を過去の歴史に及ぼさんとせバ、平将門の記事を初め、女皇をも教科書より抹消し去らざるべからざるの不都合ありと論ずるもの」であった。そしてこの記事は、消極論者が総会で多数を占めることを予想する（「南北朝問題解決」『万朝報』六月三〇日）。すなわち『万朝報』は、時代表記にかんして市村・萩野が「吉野の朝廷」という原案に反対したという側面は捨象することで、穂積・小笠原ら少数の積極論者と、その他多数の消極論者との二極対立に単純化する。ただし、実際の部会・総会における対立構図でも、この二極対立がメインであったと思われる。
(21)「歴史教科書部会終了」『東京日日新聞』六月一三日。前掲小山『天皇機関説と国民教育』七一頁。前掲小山「南北朝正閏問題の教育史的意義」六九頁。
(22)「吉野朝大論戦　昨日の歴史教科書委員会」『東京日日新聞』七月八日。「南北朝問題激論」『万朝報』七月八日。「教科書委員総会　果然大議論あり」『二六新報』七月八日。「教科書委員総会（論戦盛なり）」『東京朝日新聞』七月九日。
(23)「教科書委員総会　南北朝問題激論」『東京朝日新聞』七月一五日。前掲渡邉「『南北朝正閏問題』と新聞報道」二六八～二六九頁。また、同じく『東京朝日新聞』の記事によると、穂積の主張は「北朝の史実を全く抹殺し去り、原案に大修正を加へて、将来南北両朝何れが正位かとの疑問の生ずべき余地無からしめ」ようとするものであった（「教科書委員動揺」『東京朝日新聞』七月一四日）。

(24)「教科書委員動揺」『東京朝日新聞』七月一四日。ちなみに、山口道弘は、もともと萩野と田中は南北朝並立論者であったものの、三月以降の教科用図書調査委員会では南北朝並立論や北朝正統論の出る幕がなくなったので、戦線を後退させて「南正北閏論」支持に移ったとみる（前掲山口「南北朝正閏論争と官学アカデミズム史学の文化史的展開」一、四六頁）。すなわち、内心では南北朝並立論だったということであろう。

(25)前掲山口「南北朝正閏論争と官学アカデミズム史学の文化史的展開」一、五〇～五一頁。

(26)「教科書委員総会　南北朝問題激論」『東京朝日新聞』七月一五日。前掲渡邉「『南北朝正閏問題』と新聞報道」二六八～二六九頁。また、山川健次郎も同様の観点から、総会では加藤に同調したという（花見朔巳編『男爵山川先生伝』故男爵山川先生記念会、一九三九年、一五九～一六〇頁）。

(27)「教科書委員動揺」『東京朝日新聞』七月一四日。

(28)『内田回顧』八頁。内田によると、大日本国体擁護団の議論は「穂積氏の法律的正論を是認すると共に、之に道徳的温情を加へて、北朝をも全然取り除けることをせず、之を閏位として附属し置くことを主張したもの」であったとも述べている（『内田回顧』八～九頁）。

(29)また、ある新聞報道では、穂積派が勝利して、北朝の天子をぜんぜん葬り去った場合、北朝方臣子の官位官職の取り扱い上複雑な結果を来す（たとえば、足利尊氏が無位の贈太政大臣となる）ことが指摘されている（「注目すべき南北朝　北朝方官位の処分」『東京日日新聞』七月一八日）。

(30)「吉野朝決せず　依然たる委員の論戦」『東京日日新聞』七月一四日。

(31)「南北朝の論戦」『万朝報』七月一四日。前掲小山『天皇機関説と国民教育』七一頁。前掲小山「南北朝正閏問題の教育史的意義」七〇頁。

(32)ちなみに、『二六新報』は、「文部原案派」と「穂積派」との対立としている（「歴史調査委員総会」『二六新報』七月一四日）。

(33)「歴史修正経過　両派主張点の相違　南北朝説又た優勢」『読売新聞』七月一七日。

(34)本章註23と同じ。

(35)「北朝抹殺派少数」『万朝報』七月一八日。

(36)「南北朝争論余聞」『東京朝日新聞』七月一五日。実際、加藤は岡田良平（文部次官）あて書簡で、南北朝正閏問題とは別な問題にかんしてのことであるが、「何分委員会は大臣の監督のみにて属僚には無之ゆえ、唯々諾々命是れ奉ずると云ふこと」は致しかねると述べている（三月三〇日付岡田良平宛加藤弘之書簡、伊藤隆・坂野潤治・竹山護夫「岡田良平関係文書」『社会科学研究』二一巻五・六号、一九七〇年、二二九頁）。

(37)「歴史修正経過　両派主張点の相違　南北朝説又た優勢」『読売新聞』七月一七日。

(38)「歴史猶決せず」『読売新聞』七月一八日。

(39)七月一六日付桂太郎宛小松原英太郎書簡、『桂文書』一九五〜一九六頁。ただし、小松原本人は一六日夜にしたためたと書いているが、新聞報道（「南北史実論決定」『東京朝日新聞』七月一九日）からいって、一七日のまちがいであると思われる。

(40)「憲法派破らる（光厳天皇問題決定）」『読売新聞』七月二〇日。「北朝抹殺論敗る　歴史教科書決定」『東京日日新聞』七月二〇日。「北朝抹殺論敗る」『万朝報』七月二〇日。「光厳帝問題　多数決を採る」『二六新報』七月二〇日。「光厳天皇問題（一昨日の教科書委員会）」『東京朝日新聞』七月二一日。

(41)七月一九日付桂太郎宛小松原英太郎書簡、『桂文書』一九六頁。

(42)「憲法派破らる（光厳天皇問題決定）」『読売新聞』七月二〇日。「北朝抹殺論敗る」『万朝報』七月二〇日。「歴史書改訂総会」『国民新聞』七月二一日。

(43)七月一九日付桂太郎宛小松原英太郎書簡、『桂文書』一九六頁。

(44)「歴史決定如何（本日の総会開会）」『読売新聞』七月二一日。

(45)七月一九日付桂太郎宛小松原英太郎書簡、『桂文書』一九六頁。

(46)「吉野の朝廷と決す　歴史教科書改訂総会」『国民新聞』七月二三日。

(47)同右。

(48)「吉野朝廷確定（史実派の大勝利）」『読売新聞』七月二二日。「南北朝事項決定　昨日の教科書委員会」『東京日日新聞』七月二二日。「吉野の朝廷と決す」『万朝報』七月二二日。「表題は吉野朝廷」『二六新報』七月二二日。「表題は吉野の朝廷　歴史教科書議了」『東京朝日新聞』七月二三日。「吉野の朝廷と決す　歴史教科書改訂総会」『国民新聞』七月二三日。

(49)「教科用図書調査委員会議決事項」、「桂太郎関係文書」八五—三二一・「斎藤実関係文書」三五—二一（国立国会

図書館憲政資料室所蔵）。『続・現代史資料』二九二～二九五頁。「桂文書」と「斎藤文書」ではまったく同じ蒟蒻版であるため、おそらく閣議で参考資料として配布されたものと推測される。

(50) 前掲小山『天皇機関説と国民教育』七二頁。ただし、同書のもとになった前掲小山「南北朝正閏問題の教育史的意義」七〇頁は、総会議決は三宅・重田作成の部会原案よりも、「史実論」派の主張に近づけた内容のものとなったとしており、小山は本にまとめるにあたって総会で議決した内容の位置づけを変更したと考えられる。

(51)「吉野の朝廷と決す」『万朝報』七月二二日。南北朝正閏問題のメディア報道のきっかけを作った読売新聞記者の木山黙山は、穂積の主張する極端な南朝正統主義や史実抹殺主義が破れながらも「尚多少の糊塗を試みたる痕跡あり」との風聞に接して、不快感を示している（木山黙山「国史の教育」『読売新聞』七月二七日）。

(52) 七月二六日付桂太郎宛小松原英太郎書簡、『桂文書』二〇〇～二〇一頁。

(53)「第一議決ニ就キテ」で始まる文書、「桂太郎関係文書」八五―三二（国立国会図書館憲政資料室所蔵）。「委員会決議事項に関する意見書」、「斎藤実関係文書」三五―三（国立国会図書館憲政資料室所蔵）。「桂文書」と「斎藤文書」の両方とも文部省の罫紙に墨書されており、蒟蒻版のようにまったく同一の写しにはなっていないが、本文は同じであり、閣議で配布された資料と思われる。ちなみに、「桂文書」のほうでは欄外に、おそらく小松原文相と推測される人物によって「内閣ニ於而御評議相願度按」と墨書されている。

(54)「歴史教科書記載事項」・「第二案」、「斎藤実関係文書」三五―四・六（国立国会図書館憲政資料室所蔵）。『続・現代史資料』二九五～二九八頁。ちなみに、この史料にはおそらく斎藤実海相が書いたと推測される欄外書きこみがあり、『続・現代史資料』では「最終案」と翻刻しているが、「最終決」の読みまちがいである。

(55)『続・現代史資料』二九八、三〇一～三〇四、三一六～三一九頁。「喜田回顧」一五四頁。

(56)「歴史修正経過　両派主張点の相違　南北朝説又た優勢」『読売新聞』七月一七日。

(57) 九月六日付小松原英太郎宛穂積八束書簡、『小松原事略』八四～八五頁。前掲小山『天皇機関説と国民教育』七二、四〇七頁。前掲小山「南北朝正閏問題の教育史的意義」七一、七八頁。

(58) 三井須美子「国定第一期教科書改定運動と穂積八束」『都留文科大学研究紀要』三九集（一九九三年）。

(59) 当時国定教科書編纂を主管していた図書局（五月に図書課が局に昇格していた）の局長渡部董之介も後年の文章で、教科書改訂にあたって穂積がそのうんちくを披瀝して援助してくれたことを高く評価している（渡部董之介「本邦教科書制度の沿革」国民教育奨励会編『教育五十年史』民友社、一九二二年、二四〇頁）ように、小松原の方針転換と文部官僚のそれとは軌を一にしていたと考えられる。また、文部編修で教科書改訂の中心にあった重田も、教科書改訂翌年の講話では、自分のもともとの意見はさておき、文部省の公式見解を忠実に説明している（重田定一「修正国定歴史教科書に就て」『史説史話』弘道館、一九一六年、五九一〜五九二頁）。

(60)『続・現代史資料』二九九〜三〇〇頁。

(61) 同右三二二頁。

(62)『三上懐旧談』二〇九頁。

(63)『重田伝』二〇〜二一頁。

(64)「喜田回顧」一五四〜一五五頁。

(65)『三上懐旧談』二一八頁。

(66) 前掲永原『二〇世紀日本の歴史学』五六頁。

(67) 東京大学史料編纂所編刊『東京大学史料編纂所史史料集』（二〇〇一年）八四七〜八四九頁。

おわりに

本書では、南北朝正閏問題をめぐる経緯と、その論争の構造とを、えんえんとみてきた。そのうえで私たちは、南北朝正閏問題をどのようなものと考えるべきだろうか。国家による学問弾圧ですませてよいのだろうか。もちろん、その側面も確かにある。しかし、実際は複合的な要因が複雑にからみあって展開したのであって、話はそう単純ではないのである。

まず、前提としておさえておくべきことは、歴史学者のみならず、一般知識人や民衆における南朝正統論の根強さである。「少年」は南北朝正閏論自体に興味関心がなかったかもしれないが、「壮年」以上には広範な関心と議論を喚起した。それも、意見表明をする者の圧倒的多数は南朝正統論であって、年齢がさがるにつれて南朝正統論の度合いが低下するというわけではない。喜田貞吉の南北朝並立論を強く批判した峰間信吉にしても、豊岡半嶺にしても、姉崎正治にしても、さらに同じ国史学者の黒板勝美にしても、喜田より年少だったりする。いずれにしても、南朝正統論は社会において、依然として根強かった。

かたや、国定教科書編纂の中心に位置した喜田は、研究（純正史学）と教育（応用史学）とはもともと別であって、善良な国民をつくることが目的の後者において、不適切な史実を児童に教える必要はないという考えであった。しかしながら、宮中において南北朝の正閏にかんして明確な決定がないなか、天皇レベルと臣下レベルとを切り離し、天皇レベルでは正閏を論じるのを避け、代わりに臣下レベルで順逆を論じれば、教育（応用史学）において問題ないと判断した。これは、客観的にみれば、「純正史学」の成果であるところの南北朝並立論を、「応用史学」であるところの教育に持ちこみ、それを国定教科書という国家権力で強制することを意味した。

国定教科書による南北朝並立論の強制にたいして、真っ先に反発して教科書攻撃の口火を切ったのが、民間の教育関係者であった。火付け役ともいえる峰間にとって、南北朝正閏問題と小学校教員待遇改善運動とは、小学校教員を「国民知徳の基礎を作る」要職にあると位置づける点で、不可分の関係にあった。そして、峰間の働きかけに応じて新聞論説を書いた豊岡も、前年まで教員をつとめていた「教育記者」であった。教育関係者にとって国定教科書の記述は、国民道徳や国体にかかわる大問題であった。

この教育関係者の反発を商業的に利用したのが、マスコミであった。報道第一主義への転換に出遅れていた読売新聞は、経営戦略的に南北朝正閏問題を大逆事件へとむすびつけた。ただし、当初、世間の眼は千里眼事件に向かっていたため、読売新聞の戦略はすぐには効果を表さなかった。メディアが俄然(がぜん)活性化するのは、帝国議会に舞台が移ったあとのことになる。

代わって、『読売新聞』に掲載された教科書攻撃の記事へ敏感に反応したのが、牧野謙次郎・松平康国・内田周平といった早稲田・慶応義塾大学の漢学者たちであった。今よりもはるかに官尊民卑が強いなか、私立大学には帝国大学など官立学校にたいする激しい対抗心が存在したと推測される。また、彼らが帰属意識を抱いていた「漢学」という学問分野は、歴史と倫理道徳とが未分離なものであった。よって、帝国大学における歴史学、すなわち「官学アカデミズム」にたいして、二重の意味で強く反発したのであろう。

牧野たち漢学者グループはまず、牧野のいとこで衆議院議員の藤沢元造をして、衆議院で質問をさせることを考えた。南北朝正閏問題が政党によって利用されることを嫌う牧野や松平からすれば、藤沢が無所属であることは都合がよかった。一方、桂太郎内閣、特に文部省は、藤沢に質問書を撤回させるべく働きかけるが、それもうまくいかない。かたや藤沢側は、喜田や三上参次は北朝正統論を主張しているとさえ思いこんでいた。結局、質問予定日前日になってやっと桂内閣は藤沢をつかまえることに成功し、教科書改訂を約束することで、藤沢は衆議院での質問から一転して、議員辞職を行うことになった。藤沢による政府弾劾質問を期待していた向きからすると、藤沢は政府によって「籠絡(ろうらく)」されたことを意味する。

藤沢による政府弾劾質問が不発に終わったあとも、牧野たちのグループのうち一部は運動を継続、大日本国体擁護団を結成した。そして、国体擁護団が期待し、連携を求めた先が、衆議院では犬養毅ら立憲国民党、貴族院では大木遠吉ら伯爵同志会であった。国民党も伯爵同志会も、衆議院・貴族院それぞれにおける与党体制から疎外されていた政治勢力であって、閉塞的な政治状況を打破するために利用したのが歴史問題であった。特に犬養ら国民党は、南北朝正閏問題を大逆事件と連動させるかたちで、内閣弾劾決議案の提出にふみきる。この深刻な政治危機にたいして、桂首相は妥協関係にある立憲政友会の協力で切り抜けることができた。

しかし、桂は政治的多忙のため、元老の山県有朋にたいしては事後報告ですませたことが、桂内閣の対策が後手にまわっていたこととあわさって、山県の激怒と叱責を買う。松本清張は山県を南北朝正閏問題の「黒幕」のように描いているが、山県はむしろ蚊帳(かや)の外に置かれていた感さえあるのである。遅ればせながら事態の深刻さに気づいた桂は、議会答弁では教科書の改訂を約束する一方で、南朝正統の勅定、喜田の休職処分などの措置を進めた。メディアは教科書改訂の即時断行を求めていたが、教科書改訂には教科用図書調査委員会の審議を経る必要があることから、桂内閣は教科書改訂以外の緊急措置を講じたのである。これが「第一の政治決着」である。

この間、メディア上では、南北朝時代という過去における皇統の「正統性」をめぐって、広範かつ活発な議論がまきおこっていた。さまざまな論者が新聞や雑誌に、好き勝手に持論を展開する事態に、山県は苦虫をつぶしていた。論争では、ごく少数の北朝正統論者や南北朝並立論者と、圧倒的多数の南朝正統論者とが対立する構図となる。

南北朝並立論者は、そもそも「正閏」という枠組みは実態にあわないとして、その枠組みに準拠しないで説明する。かたや、北朝正統論者と南朝正統論者は、「正閏」という枠組みに準拠する点では共通しており、そのうえで、南北朝のどちらが「正統」で、どちらが「閏統」であるかを争った。また、圧倒的多数の南朝正統論者も実は論旨に幅があって、古典的な論法から西洋概念を援用したもの、さらには北朝を「偽」朝として北朝の史実自体の削除をはかる「北朝抹殺論」まで、さまざまな言説がみられた。

さて、「第一の政治決着」が行われたとしても、実際の教科書改訂には教科用図書調査委員会における審議が必要であった。こうして、南北朝正閏をめぐる政治の場は、教科書調査委員会に移る。そして、委員会から喜田や三上を排除して、委員を南朝正統論者で固めてみると、今度は南朝正統論者のあいだで、実際の教科書記述をどのようなものにするかをめぐって激論が起こる。

教科書調査委員会の第二部会（歴史部会）や総会では、穂積八束（やつか）のように憲法にあわせて歴史を裁断し、北朝を抹殺すべきだと主張する者もいたが、加藤弘之（ひろゆき）委員長をはじめとする大多数は、史実を史実として認めても南朝正統は揺るがないという意見であった。結局、後者の線で議決が行われたにもかかわらず、小松原英太郎文相や桂内閣はその議決を無視して、穂積の主張に寄せた内容に修正してしまう。これが「第二の政治決着」である。

二度にわたる政治決着は、確かに国家の介入による学問弾圧という性格がないわけではない。しかし、それ以上に重要なのは、そもそも南北朝対立論の採用自体が国家権力による歴史観の強制を意味したうえ、それに反発する運動家の要望と多くの国民の支持によって国家介入が行われたという事実である。すなわち、歴史観に介入した国家が悪いといって簡単にすませるわけにはいかない、ナイーブな問題をかかえているのである。南北朝正閏問題が単なる一〇〇年以上昔の、我々とは関係のない話というのではなく、実は現代の日本にも通じる話なのではないかという想いが、単なる杞憂（きゆう）であることを切に願うばかりである。

参考文献

〔著者の旧稿で、本書と関係のあるもの〕

千葉功『桂太郎　外に帝国主義、内に立憲主義』(中央公論新社、二〇一二年)
千葉功「歴史と政治――南北朝正閏問題を中心として」『史苑』七四巻二号(二〇一四年)
千葉功「南北朝正閏問題再考」『学習院史学』五七号(二〇一九年)
千葉功「史料編纂事業への転回――久米事件と南北朝正閏問題」『東京大学史料編纂所研究紀要』三一号(二〇二一年)
千葉功「第一一講　南北朝正閏論」山口輝臣・福家崇洋編『思想史講義【明治篇Ⅱ】』(筑摩書房、二〇二三年)

〔研究書・研究論文〕

赤塚行雄『決定版与謝野晶子研究――明治、大正そして昭和へ』(學藝書林、一九九四年)
揚原敏子「評伝萩野由之」『学苑』三二五号(一九六六年)
池田智文「『南北朝正閏問題』再考――近代「国史学」の思想的問題として」『日本史研究』五二八号(二〇〇六年)
生駒哲郎「三上参次『国史概説』と講義ノート――南北朝正閏問題と『国史概説』の編纂」『The Basis』(武蔵野大学教養教育リサーチセンター)一一号(二〇二一年)
石川泰志『佐藤鐵太郎海軍中将伝』(原書房、二〇〇〇年)
石田雄『明治政治思想史研究』(未来社、一九五四年)
磯前順一・深澤英隆編『近代日本における知識人と宗教――姉崎正治の軌跡』(東京堂出版、二〇〇二年)
出雲大社教教学文化研究室編『千家尊福公』(出雲大社教教務本庁、一九九四年)
一柳廣孝『〈こっくりさん〉と〈千里眼〉――日本近代と心霊学』(講談社、一九九四年)
伊藤大介「南北朝正閏問題再考」『宮城歴史科学研究』四五号(一九九八年)
岩城之徳著・近藤典彦編『石川啄木と幸徳秋水事件』(吉川弘文館、一九九六年)
江藤淳『漱石とその時代(第四部)』(新潮社、一九九六年)
大久保利謙「ゆがめられた歴史」向坂逸郎編著『嵐のなかの百年――学問弾圧小史』(勁草書房、一九五二年)

大塚美保「国家を批判し、国家を支える——鷗外「秀麿もの」論」『文学』八巻二号（二〇〇七年）

大塚美保「森鷗外と大逆事件——彼の知り得た情報、および見解発信のあり方に関する覚え書き」『聖心女子大学論叢』一一〇号（二〇〇八年）

奥武則『黒岩涙香——断じて利の為には非ざるなり』（ミネルヴァ書房、二〇一九年）

小野秀雄『日本新聞発達史』（五月書房、一九八二年）

大日方純夫「南北朝正閏問題の時代背景」『歴史評論』七四〇号（二〇一一年）

海津一朗「附属図書館所蔵の南北朝正閏論関係典籍について」『紀州経済史文化史研究所紀要』二二号（二〇〇二年）

上沼八郎『伊沢修二』（吉川弘文館、一九六二年）

桂木惠「犬養毅と南北朝正閏問題——内田周平宛書簡を中心に」上・下『信濃』六六巻五・七号（二〇一四年）

菅真城「重田定一と広島高等師範学校」『広島大学史紀要』三号（二〇〇一年）

河内祥輔『中世の天皇観』（山川出版社、二〇〇三年）

五味渕典嗣「この国で書くこと——『吉野葛』と南北朝正閏論争」『藝文研究』七九号（二〇〇〇年）

古宮千恵子「南北朝正閏問題に関する一考察——歴史学・歴史教育・民衆、それぞれの歴史意識」『歴史民俗資料学研究』一四号（二〇〇九年）

小山常実「南北朝正閏問題——明治末年の総合的把握のために、その一」『大月短大論集』一八号（一九八七年）

小山常実「南北朝正閏問題の教育史的意義」『日本の教育史学』三〇集（一九八七年）

小山常実『天皇機関説と国民教育』（アカデミア出版会、一九八九年）

昆野伸幸『近代日本の国体論——〈皇国史観〉再考』（ぺりかん社、二〇〇八年）

坂田吉雄『天皇親政——明治期の天皇観』（思文閣出版、一九八四年）

櫻井良樹『大正政治史の出発——立憲同志会の成立とその周辺』（山川出版社、一九九七年）

佐々木隆『日本の歴史二一　明治人の力量』（講談社、二〇〇二年）

佐藤能丸「「在野史学」吉田東伍」『志立の明治人』（芙蓉書房出版、二〇〇五年）

澤井清「賀古鶴所と鷗外」『国文学——解釈と鑑賞』四九巻二号（一九八四年）

昭和女子大学近代文学研究室「吉田東伍」昭和女子大学近代文学研究室編『近代文学研究叢書』一八巻（昭和女子大学、一九六二年）

昭和女子大学近代文学研究室「井上通泰」昭和女子大学近代文学研究室著『近代文学研究叢書』四七巻（昭和女子大学近代文学研究所、一九七八年）

菅谷務「峰間信吉と南北朝正閏問題――ある教育者が生きた「国民国家」という物語」『近代日本における転換期の思想――地域と物語論からの視点』（岩田書院、二〇〇七年）
武井邦夫「南北朝正閏論争」『研究紀要』〈つくば国際大学〉六号（二〇〇〇年）
田中史郎「喜田貞吉の「歴史教育＝応用史学」論の性格とその歴史的位置――歴史観・歴史研究・歴史教育」『社会科の史的探求』（西日本法規出版、一九九九年）
田畑忍『加藤弘之』（吉川弘文館、一九五九年）
田畑久夫「喜田貞吉と奈良――南北朝正閏問題を例として」『奈良学研究』一三号（二〇一一年）
田頭慎一郎『加藤弘之と明治国家――ある「官僚学者」の生涯と思想』（学習院大学、二〇一三年）
東京女子大学丸山眞男文庫編『丸山眞男集別集　第四巻　正統と異端一』（岩波書店、二〇一八年）
時任英人『明治期の犬養毅』（芙蓉書房出版、一九九六年）
内藤一成『貴族院と立憲政治』（思文閣出版、二〇〇五年）
内藤一成『貴族院』（同成社、二〇〇八年）
直木孝次郎『武者小路実篤とその世界』（塙書房、二〇一六年）
中沢夏樹『小伝小牧昌業』（私家版、二〇二〇年）
中島国彦『森鷗外――学芸の散歩者』（岩波書店、二〇二二年）
中嶋敏「市村瓚次郎」江上波夫編『東洋学の系譜』（大修館書店、一九九二年）
中野目徹『三宅雪嶺』（吉川弘文館、二〇一九年）
永原慶二『二〇世紀日本の歴史学』（吉川弘文館、二〇〇三年）
中村紀久二「国定教科書の歴史」『復刻　国定教科書（国民学校期）解説』（ほるぷ出版、一九八二年）
長山靖生『偽史冒険世界――カルト本の百年』（筑摩書房、一九九六年）
長山靖生『人はなぜ歴史を偽造するのか』（新潮社、一九九八年）
長山靖生『帝国化する日本――明治の教育スキャンダル』（筑摩書房、二〇一八年）
西田毅『竹越与三郎――世界的見地より経綸を案出す』（ミネルヴァ書房、二〇一五年）
新田義之『澤柳政太郎――随時随所楽シマザルナシ』（ミネルヴァ書房、二〇〇六年）
野村玄「安定的な皇位継承と南北朝正閏問題――明治天皇による「御歴代ニ関スル件」の「聖裁」とその歴史的影響」『大阪大学大学院文学研究科紀要』五九巻（二〇一九年）
箱石大「維新史料編纂会の成立過程」『栃木史学』一五号（二〇〇一年）

橋本美保「歴史教科書問題はなぜ教育問題とならなかったのか――南北朝正閏問題のカリキュラム史的意義」『東京学芸大学紀要　総合教育科学系』五九号（二〇〇八年）
波田永実「国体論の形成Ⅰ――南北朝正閏論争からみた南朝正統観の歴史認識」『流経法学』一六巻二号（二〇一七年）
浜崎美景「井上通泰と鷗外」『国文学――解釈と鑑賞』四九巻二号（一九八四年）
林文孝「第二章　正統について」伊東貴之編『シリーズ・キーワードで読む中国古典四　治乱のヒストリア――華夷・正統・勢』（法政大学出版局、二〇一七年）
尾藤正英「正名論と名分論――南朝正統論の思想的性格をめぐって」家永三郎教授東京教育大学退官記念論集刊行委員会編『近代日本の国家と思想』（三省堂、一九七九年）
平出彬『平出修伝』（春秋社、一九八八年）
平野晶子「笹川臨風」昭和女子大学近代文学研究室著『近代文学研究叢書』六六巻（昭和女子大学近代文学研究所、一九九二年）
廣木尚「南北朝正閏問題における歴史観と道徳論」『民衆史研究』七八号（二〇〇九年）
廣木尚「南北朝正閏問題と歴史学の展開」『歴史評論』七四〇号（二〇一一年）
廣木尚「一八九〇年代のアカデミズム史学――自立化への模索」松沢裕作編『近代日本のヒストリオグラフィー』（山川出版社、二〇一五年）
廣木尚『アカデミズム史学の危機と復権』（思文閣出版、二〇二二年）
福家崇洋「国家改造運動」筒井清忠編『大正史講義』（筑摩書房、二〇二一年）
堀松武一「第三節　哲学館事件と南北朝正閏問題」『世界教育史大系』二巻（講談社、一九七五年）
松沢裕作『重野安繹と久米邦武――「正史」を夢みた歴史家』（山川出版社、二〇一二年）
松島榮一「歴史教育の歴史」歴史教育者協議会編『歴史教育の歴史と社会科』（青木書店、二〇〇三年）
松本清張『小説東京帝国大学』上・下（筑摩書房、二〇〇八年）
真辺将之『大隈重信――民意と統治の相克』（中央公論新社、二〇一七年）
三﨑一明「高島鞆之助」Ⅰ・Ⅱ・Ⅲ『追手門経済論集』四二巻一号・四三巻一号・四六巻二号（二〇〇七・〇八・一一年）
三井須美子「堀尾石峰の新道徳教育論――「教育時論」誌上での家族国家観と「国民道徳」批判」一『都留文科大学研究紀要』三八集（一九九三年）
三井須美子「国定第一期教科書改定運動と穂積八束」『都留文科大学研究紀要』三九集（一九九三年）
宮地正人『日露戦後政治史の研究――帝国主義形成期の都市と農村』（東京大学出版会、一九七三年）

村田峰次郎『楫取素彦伝――耕堂楫取男爵伝記』（山口県萩市・群馬県前橋市、二〇一四年）

Mehl, Margaret. *History and the State in Nineteenth-Century Japan: The World, the Nation and the Search for a Modern Past*, Copenhagen: Sound Book Press, 2017〔マーガレット・メール著／千葉功・松沢裕作訳者代表『歴史と国家――一九世紀日本のナショナル・アイデンティティと学問』（東京大学出版会、二〇一七年）〕

百川敬仁「南北朝正閏論のゆくえ」『国文学――解釈と鑑賞』五六巻八号（一九九一年）

森田美比『菊池謙二郎』（耕人社、一九七六年）

安川実『本朝通鑑の研究――林家史学の展開とその影響』（言叢社、一九八〇年）

山口道弘「正閏――南北朝正閏論争」河野有理編『近代日本政治思想史――荻生徂徠から網野善彦まで』（ナカニシヤ出版、二〇一四年）

山口道弘「正閏續論」『千葉大学法学論集』二八巻三号（二〇一四年）

山口道弘「正閏再續論」『千葉大学法学論集』二八巻四号（二〇一四年）

山口道弘「三上参次と官学アカデミズム史学の成立」『法政研究』〈九州大学法政学会〉八六巻四号（二〇二〇年）

山口道弘「南北朝正閏論争と官学アカデミズム史学の文化史的展開」一・二『法政研究』〈九州大学法政学会〉八七巻四号・八八巻一号（二〇二一年）

山本四郎「南北朝正閏問題について」『史林』五六巻三号（一九七三年）

ヨシカワ・リサ「近代日本の国家形成と歴史学――黒板勝美を通じて」『立教大学日本学研究所年報』一四・一五号（二〇一六年）

Yoshikawa, Lisa. *Making History Matter: Kuroita Katsumi and the Construction of Imperial Japan*, Cambridge: Harvard University Press Asia Center, 2017

吉田悦志「内田魯庵と大逆事件――啄木・蘆花・修との関連において」『文芸研究』四三号（一九八〇年）

吉田悦志『事件「大逆」の思想と文学』（明治書院、二〇〇九年）

渡邉明彦「「南北朝正閏問題」と新聞報道」『早稲田大学大学院教育学研究科紀要』別冊一四号―二（二〇〇七年）

渡邉剛「明治末期におけるエスペラント批判――高橋竜雄を手がかりに」『社会言語学』一九号（二〇一九年）

言説分析原典一覧

『正閏論』：史学協会編『南北朝正閏論』（修文閣、一九一一年）
『正閏論纂』：山崎藤吉・堀江秀雄共纂『南北朝正閏論纂』（鈴木幸、一九一一年）
『南北朝論』：高橋越山編『現代名家南北朝論』（成光館書店、一九一二年）
『国体之擁護』：友声会編『正閏断案　国体之擁護』（松風青院、一九一一年、〈復刻〉みすず書房、一九八九年）

北朝正統論

○浮田和民（五三歳）

(1)浮田和民「南北朝正閏論の断案」『太陽』一七巻五号（四月一日）一～九頁。『正閏論纂』四一二～四二六頁。
(2)浮田和民「此頃の人心」『正閏論』二三四～二三六頁。

○吉田東伍（四八歳）

(3)「北朝が正統なり　文学博士吉田東伍氏談」『東京朝日新聞』二月一五日。『正閏論』一二二～一二五頁。『正閏論纂』三七七～三七八頁。『南北朝論』一一五～一一八頁。
(4)吉田東伍「皇位正統の所在」『太陽』一七巻五号（四月一日）一〇〇～一一一頁。『正閏論』三四六～三七四頁。『正閏論纂』三七八～四一一頁。

南北朝対立（並立）論

○久米邦武（七三歳）

(5)「大義名分と正統論　文学博士久米邦武」『読売新聞』二月一九日。『正閏論』五五～七四頁。『正閏論纂』三五四～三六二頁。『南北朝論』八～二六頁。
(6)「久米博士の根帳論　遺憾乍ら天に二日　党派争ひ京都争ひ」『東京朝日新聞』二月二〇日。『正閏論』一五〇～一六〇頁。『南北朝論』三六～四二頁。

(7)「久米博士の正誤」『東京朝日新聞』二月二二日。『南北朝論』四二～四六頁。
(8)久米邦武「南北朝問題の根本的疑義」『読売新聞』三月五日。『正閏論』二一一～二二五頁。『正閏論纂』三六二～三七二頁。
(9)編輯の一員「久米博士と姉崎博士の対論に就て」『正閏論』二三〇～二三三頁。

○三上参次(四七歳)

(10)「南北朝正閏問題　両朝対立論」『東京朝日新聞』二月一六日。『正閏論』九三～九八頁。『南北朝論』三～八頁。
(11)「南北朝正閏問題　三上文学博士の談」『時事新報』二月一七日。『正閏論纂』三四一頁。
(12)「教科書に於ける南北正閏問題の由来　文学博士三上参次君談」『太陽』一七巻五号(四月一日)一二四～一三〇頁。『正閏論』三二七～三四六頁。『正閏論纂』三四三～三五四頁。

○松井柏軒(四六歳)

(13)柏軒学人「南北正閏私議」『やまと新聞』二月一八日。『正閏論纂』三七二～三七六頁。『南北朝論』六二～三一頁。

○与謝野晶子(三四歳)

(14)与謝野晶子「南北朝正閏論　誰ぞ僭越な断案」『東京朝日新聞』二月一九日。『南北朝論』三二一～三四頁。

○堀尾石峰(太郎)(年齢不明)

(15)堀尾石峰「南北両朝史論」上・下『教育時論』九二九・九三一号(二月五・二五日)。

○楫取素彦(八三歳)

南朝正統論

(16)楫取素彦「誰か南朝の正位を疑ふ」『日本及日本人』五五四号(三月一五日)二一一～二一三頁。

○北畠治房(七九歳)

(17)北畠治房「南朝正統論」『日本及日本人』五五四号(三月一五日)二一〇～二一一頁。

○大隈重信(七四歳)

(18)「道徳の根本破壊　大隈伯爵談」『東京朝日新聞』二月一五日。『正閏論』一四七〜一四八頁。『南北朝論』一一三頁。

○**小牧昌業**（**六九歳**）

(19)小牧昌業「歴史家の任務」『日本及日本人』五五四号（三月一五日）八一〜八二頁。

○**高島鞆之助**（**六八歳**）

(20)高島鞆之助「腐儒の邪説」『日本及日本人』五五四号（三月一五日）七九〜八〇頁。

○**千家尊福**（**六七歳**）

(21)千家尊福「皇朝史の精華」『日本及日本人』五五四号（三月一五日）六六頁。

○**伊沢修二**（**六一歳**）

(22)伊沢修二「正閏問題と国定教科書」『日本及日本人』五五四号（三月一五日）五三〜五五頁。

○**目賀田種太郎**（**五九歳**）

(23)目賀田種太郎「神器相承の大義」『日本及日本人』五五四号（三月一五日）一九〜二〇頁。

○**杉浦重剛**（**五七歳**）

(24)杉浦重剛「邪説の出で来れる所以」『日本及日本人』五五四号（三月一五日）六〇〜六一頁。

○**犬養毅**（**五七歳**）

(25)「大逆事件と南北朝正閏問題」『日本及日本人』五五三号（三月一日）一〇〇〜一〇三頁。

○**井上哲次郎**（**五七歳**）

(26)「南北朝正閏問題　国民道徳が成立ぬ　井上哲次郎博士談　文部省の自家撞着」『東京朝日新聞』二月一七日。『正閏論』一八三〜一八七頁。『南北朝論』一一九〜一二二頁。

(27)井上哲次郎「国体上より南朝の正統なるを論ず」『日本及日本人』五五四号（三月一五日）一二三〜一二四頁。

(28)井上哲次郎「教育上より見たる南北朝問題」『教育界臨時増刊　南朝号』一〇巻六号（三月二〇日）七～二〇頁。
(29)井上哲次郎「歴史と道徳」『正閏論』三七四～三八〇頁。
(30)井上哲次郎「国民道徳と南北朝問題」『東亜の光』四月一日号。『正閏論纂』四六四～四七一頁。

○鎌田栄吉（五五歳）

(31)鎌田栄吉「無論南朝が正当なり」『教育界臨時増刊　南朝号』一〇巻六号（三月二〇日）二〇～二二頁。

○秋元興朝（五五歳）

(32)秋元興朝「正閏問題と徳教」『日本及日本人』五五四号（三月一五日）五一～五三頁。

○福本日南（五五歳）

(33)「不埒なる当局者」『万朝報』二月一三日。
(34)「大逆事件と南北朝正閏問題」『日本及日本人』五五三号（三月一日）九五～九九頁。

○江木衷（五四歳）

(35)「大逆事件と南北朝正閏問題」『日本及日本人』五五三号（三月一日）一〇五～一〇六頁。

○穂積八束（五二歳）

(36)「南北朝正閏問題」『東京朝日新聞』二月一六日。『正閏論』七四～八一頁。『正閏論纂』四五八～四六三頁。『南北朝論』一二四～一三一頁。

○三宅雪嶺（五二歳）

(37)「南正北閏」『日本及日本人』五五三号（三月一日）二～八頁。『正閏論』一二六～一四四頁。『正閏論纂』五四八～五六六頁。

○牧野伸顕（五一歳）

(38)牧野伸顕「道義の大本は揺がず」『日本及日本人』五五四号（三月一五日）九四～九五頁。

○黒岩涙香（五〇歳）

(39)「南朝北朝正閏論」上・中・下『万朝報』二月一二・一三・一四日。『正閏論』九八～一一〇頁。『正閏論纂』四四四～四五八頁。『南北朝論』四七～六〇頁。

(40)黒岩周六述「南北朝問題の帰決」『万朝報』三月七・八・九・一〇日。『正閏論』二三六～二六二頁。

○牧野謙次郎（五〇歳）

(41)「南北朝正閏論　南朝正統は事実　牧野謙次郎氏談」『東京朝日新聞』二月二〇日。『正閏論』八七～九二頁。『正閏論纂』四三八～四四一頁。『南北朝論』九二～九六頁。

(42)「南朝正統思想と維新大業の関係――兼ねて維新史料編纂員三上氏に質す」『国体之擁護』九六～一一三頁。

○松平康国（四九歳）

(43)「皇統と皇系との別　松平康国氏談」『東京朝日新聞』二月一八日。『正閏論』一四四～一四七頁。『正閏論纂』四四二～四四四頁。『南北朝論』九六～九八頁。

○市村瓚次郎（四八歳）

(44)市村瓚次郎「南朝正統論」『文教論集』（大倉書店、一九一七年）一六三～一八三頁。

(45)市村瓚次郎「南北正閏論に就いて」『日本及日本人』五五四号（三月一五日）六一～六五頁。

(46)市村瓚次郎「南朝正統論」『教育界臨時増刊　南朝号』一〇巻六号（三月二〇日）二六～三九頁。

○小久保喜七（四七歳）

(47)「南北朝問題　小久保喜七氏談」『中央新聞』二月二六日。『南北朝論』一六五～一六九頁。小久保喜七『城南片鱗』（楽山堂書房、一九一三年）一〇三～一〇六頁。

○沢柳政太郎（四七歳）

(48)「南北朝正閏問題　軽率なる新説論者　南朝正統論　沢柳高商校長談」『東京朝日新聞』二月一七日。

(49)「史実は正確ならず　沢柳高商校長談」『東京日日新聞』二月二五日。

(50)「史実は正確ならず　沢柳高商校長談」『二六新報』二月二五日。

○副島義一（四六歳）

(51)「両朝問題の火の手（再び喜田博士等の責任）」『読売新聞』二月二〇日。『正閏論』一四八～一四九頁。『南北朝論』一三三～一三四頁。

(52)副島義一「国体の擁護」『日本及日本人』五五四号（三月一五日）三九～四七頁。『正閏論纂』五九三～五九六頁。

(53)副島義一「南朝正統論」『教育界臨時増刊　南朝号』一〇巻六号（三月二〇日）八二～八三頁。

(54)「南朝正統論の根拠　法学博士副島義一君談」『太陽』一七巻五号（四月一日）一三三～一三六頁。『正閏論纂』五九七～六〇〇頁。

(55)副島義一「法理上より観たる南北正閏論」『国体之擁護』五四～九五頁。

○佐藤鉄太郎（四六歳）

(56)「南北両朝正閏弁」『日本及日本人』五五三号（三月一日）三五～四一頁。『正閏論』一六〇～一七七頁。

○履長こと関厳二郎（如来）（四六歳）

(57)「編輯室より　履長」『読売新聞』二月二一日。『正閏論』二三～二五頁。『南北朝論』一〇〇～一〇二頁。

○菊池謙二郎（四五歳）

(58)「皇室と大日本史　水戸菊池謙二郎」『東京朝日新聞』二月一九日。『正閏論纂』五二八～五三〇頁。『南北朝論』七四～七六頁。

(59)菊池謙二郎「南北朝対等論を駁す」『日本及日本人』五五四号（三月一五日）二五～三五頁。『正閏論纂』五三一～五四七頁。

○高橋龍雄（梅園）（四二歳）

(60)高橋龍雄「浮田博士の北朝正統説を駁す」『国学院雑誌』一七巻五号（一九一一年）。

○笹川臨風（四二歳）

(61)笹川臨風「南朝史は国史の精華なり（南北朝対立説を破す）」『読売新聞』二月一五・一六・一七・二〇日。

(62)「南朝正統論」『万朝報』二月一八・一九・二〇・二一日。『正閏論纂』四八六〜五〇一頁。『南北朝論』七七〜九一頁。
(63)笹川臨風「南朝正統論の史実」『読売新聞』二月二四日。『正閏論纂』五〇一〜五〇九頁。『南北朝論』一七四〜一八二頁。
(64)笹川臨風「南朝遺蹟巡覧の議を提出す」『読売新聞』三月六日。
(65)笹川種郎「国史の信念」『日本及日本人』五五三号(三月一日)一四〜一五頁。

○木村鷹太郎(四二歳)

(66)木村鷹太郎「正閏に非ず正偽なり」『読売新聞』二月一八日。『正閏論』二六〜二七頁。
(67)木村鷹太郎「文部省は危険思想の府なり」『読売新聞』二月一九日。『正閏論』二七〜二八頁。
(68)木村鷹太郎「近時の大愚論」『読売新聞』二月二一日。『正閏論』二五〜二六頁。『南北朝論』一三六〜一三七頁。

○田岡嶺雲(四二歳)

(69)田岡嶺雲「何ぞ必ずしも実を要せん」『読売新聞』二月二六日。『南北朝論』一七三〜一七四頁。

○三浦周行(四一歳)

(70)三浦周行「南北朝論」『太陽』一七巻五号(四月一日)一一一〜一二四頁。『正閏論纂』六〇七〜六四二頁。

○大木遠吉(四一歳)

(71)大木遠吉「人心の帰趨を誤らしむる邪説」『日本及日本人』五五四号(三月一五日)四七〜五一頁。

○樋口勘次郎(四一歳)

(72)樋口勘治(ママ)郎「南北朝正閏問題に就て教育者は切腹せねばなるまい」『教育界臨時増刊　南朝号』一〇巻六号(三月二〇日)二二一〜二二六頁。

○姉崎正治(三九歳)

(73)姉崎正治「南北朝問題に関する疑義並に断案」『読売新聞』二月二三日。『正閏論』一七八〜二一二頁。『正閏論纂』五六七〜五八三頁。
(74)姉崎正治『南北朝問題と国体の大義』(博文館、一九一一年)。

(75)姉崎正治「南北朝問題の疑義について」『読売新聞』三月一四日。『正閏論』二二六～二三〇頁。
(76)姉崎正治「国体と名分とを論じて正統論に及ぶ」『日本及日本人』五五四号（三月一五日）八九～九三頁。『正閏論纂』五八三～五八九頁。
(77)姉崎正治「南北朝正閏問題と道義思想」『国体之擁護』四三～五三頁。

○猪狩史山（三九歳）
(78)猪狩史山「南北正閏論」『毎日電報』二月一七・一八・一九日。『正閏論纂』四七一～四八二頁。『南北朝論』六〇～七〇頁。
(79)猪狩史山「南北正閏補論」『毎日電報』二月二二・二三・二四日。『正閏論纂』四八二～四八四頁。

○黒板勝美（三八歳）
(80)「南北朝正閏問題　尚早論　黒板文学博士談」『東京朝日新聞』二月一八日。『正閏論』一一一～一一六頁。『南北朝論』一〇三～一〇八頁。
(81)「神器の所在　黒板博士の補論」『東京朝日新聞』二月二一日。『正閏論』一一七～一二二頁。『南北朝論』一〇八～一一四頁。
(82)黒板勝美「南北両朝正閏論の史実と其断案」『日本及日本人』五五四号（三月一五日）九五～一一七頁。『正閏論』二六三～三二六頁。『正閏論纂』五二一～五二八頁。『国体之擁護』一～四一頁。
(83)「南朝正統論　文学博士黒板勝美君談」『太陽』一七巻五号（四月一日）一三六～一四〇頁。

○平出修（三四歳）
(84)平出修「南北朝正閏論私見」『日本弁護士協会録事』一五〇号（二月二八日）。『定本平出修集』刊行委員会編『定本平出修集〈続〉』（春秋社、一九六九年）四二八～四三二頁。

○木山熊次郎（黙山）（三二歳）
(85)「両朝正閏問題の決」『読売新聞』二月一九日。『正閏論』一四～一七頁。
(86)木山熊次郎「南北朝問題の教訓」『日本及日本人』五五四号（三月一五日）三五～三九頁。

○足立四郎吉（栗園、年齢不明）

(87)「先づ大義名分を明にすべし　足立栗園」『中外商業新報』二月二七日。『南北朝論』一六一～一六五頁。

○東京帝国大学文科大学内尊皇生

(88)東京文科大学内尊皇生「正閏問題に就て」『東京朝日新聞』二月一九日。『南北朝論』七〇～七四頁。

あとがき

大学二年生のときに斉藤孝『昭和史学史ノート』を読み、史学史に関心をいだいた。しかし、このときは、歴史認識問題がクローズアップされるはるか以前のことで、史学史にかんする研究もそれほど活発ではなかったこともあり、卒業論文で取りあげることはなかった。

修士論文から博士論文にかけては、一九〇〇～一九年における日本外交にかんする研究を行った。その後、日露戦争・韓国併合時の首相である桂太郎の伝記として『桂太郎』を執筆した際、第二次桂内閣時に起きた南北朝正閏問題にも触れはしたが、あくまで概説的な通り一遍の叙述にとどまったことが気になっていた。また、同時期に友人たちと進めていたマーガレット・メールさんの本の翻訳では、南北朝正閏論争を含む第六章が私の担当であった。

そこで、あらためて南北朝正閏問題（論争）関係の史料や論文を読んでみると、おもしろさにたちまち引き込まれた。私が研究対象にしてきた桂は即物的（ザッハリッヒ）な人物なので、彼を研究しても思想やイデオロギーといった抽象的な話はほとんど出てこない。それが、南北朝正閏問題では、歴史という現実の具体的な利害とは直接関係のない事象をめぐって人びとが行動し、大きな政治・社会問題となっていくことが、新鮮かつ不思議にさえ思えた。

登場する人物もいわばオールキャストであって、政治家や教育関係者はもとより、文学者にしても森鷗外・石川啄木・夏目漱石・幸田露伴・内田魯庵、そして与謝野晶子や平出修にいたるまで出てくる。みながみな論戦に参加するさまを、本文第六章では「信仰告白」と形容したが、まるで関係者のすべてが態度選択を迫られているかのようである。

このような興味深い事例に出会ったことで、いつしか、南北朝正閏問題という一事件に徹底的にこだわることで、何かみえてくるものがあるのではないかと思うようになった。そして、本テーマを一書にまとめてみたいと考えるようになった。

以上の著者の願望をくみとってくださったのが、筑摩書房編集者の松田健さんであった。松田さんとは、御厨貴編『歴代首相物語』(新書館)以来の御縁である。筑摩選書という自由度の高いレーベルにおいて、本テーマを存分に展開することができ、松田さんには感謝の言葉しかない。また、本来であれば家族への謝辞は省略すべきかもしれないが、私が食卓でえんえんと南北朝正閏問題について語るのを辛抱強く聞いてくれた家族、すなわち妻の加藤厚子と娘の栞にも、この場を借りて感謝したい。

二〇二三年五月

千葉　功

千葉 功（ちば・いさお）

一九六九年生まれ。学習院大学文学部教授。東京大学大学院博士課程修了。博士（文学）。専門は日本近現代史。著書『旧外交の形成――日本外交 一九〇〇～一九一九』（勁草書房）、『桂太郎――外に帝国主義、内に立憲主義』（中公新書）、『桂太郎関係文書』（東京大学出版会）、『明治史研究の最前線』（共著、筑摩選書）、『東京10大学の150年史』（共著、筑摩選書）、『思想史講義【明治篇Ⅱ】』（共著、ちくま新書）など。

筑摩選書 0260

南北朝正閏問題（なんぼくちょうせいじゅんもんだい）
歴史（れきし）をめぐる明治（めいじ）末（まつ）の政争（せいそう）

二〇二三年七月一五日　初版第一刷発行

著　者　千葉（ちば）　功（いさお）

発行者　喜入冬子

発行所　株式会社筑摩書房
東京都台東区蔵前二-五-三　郵便番号 一一一-八七五五
電話番号　〇三-五六八七-二六〇一（代表）

装幀者　神田昇和

印刷 製本　中央精版印刷株式会社

ISBN978-4-480-01779-6 C0321

筑摩選書
0184

明治史研究の最前線

小林和幸 編著

政治史、外交史、経済史、思想史、宗教史など、多様な分野の先端研究者31名の力を結集し明治史研究の最先端を解説。近代史に関心のある全ての人必携の研究案内。

筑摩選書
0210

日本回帰と文化人
昭和戦前期の理想と悲劇

長山靖生

横光利一、太宰治、保田与重郎、三木清、京都学派……。彼らは絶望的な戦争へと突き進む日本に何を見たか。多様な作品を読み解き、その暗部に光を当てる意欲作。

筑摩選書
0231

「天下の大勢」の政治思想史
頼山陽から丸山眞男への航跡

濱野靖一郎

丸山眞男が言う日本人の「勢い」の意識とは何か。頼山陽、阿部正弘、堀田正睦、勝海舟、木戸孝允、徳富蘇峰の天下の大勢をめぐる思想から日本近代史を読み直す。

筑摩選書
0247

東京10大学の150年史

小林和幸 編著

筑波大、東大、慶應、青山学院、立教、学習院、明治、早稲田、中央、法政の十大学の歴史を振り返り、各大学の特徴とその歩みを日本近代史のなかに位置づける。

筑摩選書
0254

日本政教関係史
宗教と政治の一五〇年

小川原正道

統一教会問題でも注目を集めている政治と宗教の関係の変遷を、近現代の様々な事例をもとに検証。信教の自由と政教分離の間で揺れ動く政教問題の本質に迫る。

筑摩選書
0255

日本人無宗教説
その歴史から見えるもの

藤原聖子 編著

「日本人は無宗教だ」とする言説の明治以来の系譜をたどり、各時代の日本人のアイデンティティ意識の変遷を解明する。宗教意識を裏側から見る日本近現代宗教史。